U0007286

帝國

爭霸

孔誥烽◎著　江淮◎譯
Ho-fung Hung

從「中美國」─────────到「新冷戰」

CLASH

of

EMPIRES

From 'Chimerica' to the 'New Cold War'

目　錄
Contents

正文 ——————————————————

附錄

編輯說明：

本書為翻譯著作，再加上港台兩地用語不同，如有未盡之處，還請讀者諒察。

中文版序言
在大國鬥爭的驚濤駭浪中屹立自強

時局混亂，烽煙四起，世界各個角落，都受到戰爭與獨裁的威脅。自從美蘇冷戰結束之後，人們一度以為世界將進入永久和平與普遍自由的涅槃境界。從烏克蘭軍民艱苦戰鬥以維護最基本的主權與尊嚴的今天回望，當初的這個期待何其天真。

當下的亂局，表面上好像都圍繞著大國之間的爭鬥。伊朗、俄羅斯、中國的經濟越走入死胡同，其殘暴專制的統治者，則越加失去耐性，越要挑動人民的國恥情緒，將他們綁上挑戰既有世界秩序的戰車。暴君在改革世界秩序的華麗口號下散佈混亂，挑戰作為二戰後世界多邊秩序守護人的美國，企圖將世界帶入一個只有叢林法則的無政府狀態，讓他們通過野蠻霸凌擴大地盤、保住政權。

在這樣的亂世之中，我們很容易產生幻覺，彷彿世界只由強權主宰，只有大國政治才重要。這種幻覺，令我們誤以為小國只有任由大國擺佈的宿命，只能選擇向霸道強權求饒，或乞求正義強權保護，此外別無其他。但只要認真回顧歷史，我們便能發現，大國鬥爭的混亂時期，往往是小國發揮主體性與判斷力，穩住自己的生存與繁榮，甚至以小勝大，左右大國鬥爭走向的時機。

烏克蘭軍民沒有聽西方國家最初的暗示放棄抵抗俄國入侵，將莫斯科拖入阿富汗戰爭以來未有的漫長戰爭泥潭，結果仍是未知，但肯定已改變了歷史走向。歷史上，類似這類大國傲慢以為可以輕易輾壓小國，結果被小國的抵抗弄至人仰馬翻，例子何其多。

1980年代阿富汗的反蘇軍侵略抵抗，拖垮了蘇聯。60年代越南裝備簡陋的農民革命軍，為華盛頓的戰爭機器帶來從未有過的恥辱，引發美國社會的深刻存在危機，繼而推動美國從內部政治經濟到外交經貿的調整改造。歷史視野再放長一點，十八世紀末越南阮氏三兄弟發動西山起義，推翻滿清撐扶的朝貢政權，與殺入國境鎮壓的滿清大軍血戰並取勝，乃是令大清帝國由盛轉衰的關鍵事變之一。

在歐洲，瑞士人的政治經濟智慧和全民抵抗任何侵略者的意志和準備，令這個被多個強權覬覦的小國維持了幾百年的獨立與繁榮。十六、十七世紀的荷蘭，更在天然資源匱乏的環境下建立共和，成功擺脫西班牙帝國統治，聯合和領導其他國家，將擁有美洲大陸無盡資源的西班牙帝國擊敗，迫使它接受

1648 年的西發利亞（Westphalia）和約，將世界帶入現代主權國家體系和國際法秩序的新時代。

　　沒有自尊的人，總看不過眼滿有自信、活得有尊嚴的別人。他們總喜歡散佈無力感和失敗論，希望所有人都跟他自己一樣自卑自憐。今天台灣在對岸霸凌面前求饒裝乖以為這樣就不會被打的幻想，或是認為華府應該代自己抵抗對岸的期待，都是這種自我放棄心理的體現。

　　台灣在帝國對峙的夾縫中捍衛主權、發展經濟、走向民主，在過去大半個世紀，已經向世界展示了強大的生命力與驚人的主體性，贏得世界熱愛自由與和平者的尊敬，也惹來獨裁者的怨怒和奴才們的妒恨。今天，自由世界對歐亞大陸幾個內捲專制政權有了更徹底的認識，擺脫了過往的天真。這對台灣爭取更大的自主與自由，是幾十年來最有利的形勢。

　　2015 年，我到瑞士蘇黎世出席一個有關台灣、香港民間社會的會議，期間拜訪了一百年前列寧流亡瑞士期間寫作《帝國主義：資本主義的最高階段》的舊居。列寧在書中指出了弱小的政治力量在必然加劇的大國鬥爭中的取勝之路。雖然當時的政治與時局，與今天大為不同，但當中的銳利分析和體現的強大意志，是超越時空與意識形態的。那一趟行程，啟發我重讀長期被社會科學家誤解的列寧的那部小書。書中有關十九世紀、二十世紀交接英德從合作走向鬥爭的分析，與一百年後的美中關係發展，有極多驚人相似之處。那時我即構想以帝國爭霸的理論視角為起點，審視美中關係由合作到鬥爭的發展。到了世紀瘟疫由中國蔓延全球的2020年，我終於有機會完成這本書的英文版。

《帝國爭霸》英文版在2022年出版後，美中鬥爭不斷升級，我也應不同方面的邀請，對有關的事態作出實時的評論與分析。現在在讀者面前的，便是英文版原著、幾篇後續分析和小書出版前的相關評論的中文翻譯和原作。我衷心希望，這部中譯本能作出一點點貢獻，讓台灣讀者和世界各地同樣憧憬自由與自主的華人社群，更理解當下美中鬥爭的起源、動態與規律。

孔誥烽

2023年10月

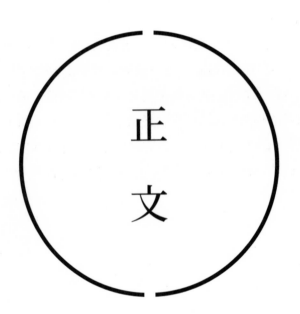

正文

1 導言：全球衝突的政治社會學

Introduction: Political Sociology of Global Conflict

1990年代初，蘇聯解體冷戰劃下句點之後，政治人物及學者歡呼世界新秩序即將出現，美國將成為唯一的超級強權（例如，Allison and Treverton 1992; Nye 1991）。時間快轉到2010年代，隨著美國和中國在貿易、技術、南海、台灣和其他許多問題上針鋒相對，「新冷戰」的概念已烙印人心（Ferguson 2019; Kaplan 2019），世界各國被迫在美中兩大強權之間選邊站。從美中「新冷戰」的概念來看，全球兩大經濟體緊繃的關係，源自意識形態和政治制度的分歧：這是自由民主和威權主義的衝突，或者說自由市場資本主義和國家資本主義之間的衝突（Macfarlane 2020; Milanovic 2019）。

有些觀察者泛泛而論，認為美中緊張局勢節節高升是因為川普政府太魯莽。但任何嚴肅的分析都能指出以下事實：美中對抗的導火線遠比特定政府的問題更為久遠，早在川普上任前就已經存在，並一直延燒到拜登政府（見Feng 2020; Guo and He 2020; Meyers 2020）。兩國之間的競爭在2010年代初已顯露端倪。

2012年，華府推出「轉向亞洲」政策，增加美國在南海的駐軍，維護美國及美國盟友所認定的公海。這樣做在於回應中國宣稱擁有南海主權且逐步增加在這塊海域的兵力。歐巴馬政府還加速跨太平洋夥伴關係貿易協定（TPP）的談判。這項自由貿易協定將中國排除在外，目的是向中國施壓，並逼使中國改變目前由國有企業主導的經濟格局，履行開放市場的承諾，而且萬一中國尋求加入，也可以防止它對美國與其他外資公司的不公平待遇。來到2014年，當中國成立多邊開發金融機構亞洲基礎設施投資銀行（亞投行）來向亞洲的發展中國家提供貸款，美國認定這是中國直接挑戰美國長久以來透過國際貨幣基金和世界銀行在開發金融上所建立的霸權。華府選擇抵制亞投行，並呼籲盟友跟進，只不過成效甚微。

　　許多人從兩國政治經濟模式的對立差異解釋美中之間的競逐，但是此一解釋的主要問題是這些差異並非最近才出現。從1989年的天安門大屠殺和1990年代中國共產黨的專制統治鞏固以來，我們清楚看到中國不會在一夕之間就轉向自由民主體制。顯然，在1990年代和2000年代，中國的威權體制日益強化而非削弱。有些人觀察到從胡錦濤時代開始，北京採取了侵略性的外交政策、恢復國企的主導性，並且進一步打壓公民社會（Blumenthal 2020）。然而，這些意識形態和政治上的歧異，未能妨礙美中在1990和2000年代追求經濟整合及地緣政治的合作。兩國之間的共生關係非常強大，使得弗格森創造出「中美國」（Chimerica）一詞，描述中國和美國之間聯合形成單一整合的經濟體（Ferguson and Schularick 2007）。

　　同樣地，有些人認為美國和中國已經形成「G2」，變為全世界的共同領袖（Bergsten 2005; Zoellick and Lin 2009）。華府長期在中國政策圈打滾的內部人士，如情報人員和川普的中國顧問白邦瑞，都認為美中衝突勢不可免，因為北京一直把美國當成假想敵，而且自1949年以來，中國的長期目標就是推翻美國的世界領導權，建立自己的世界秩序（Pillsbury 2015）。儘管事實有可能如此，但這種說法難以解釋中國為什麼能把自己的意圖隱藏得天衣無縫，使得華府在2010年代之前都未能察覺。值得注意的是，許多倡導這種觀點的人都是以前在華府支持美中共生的健將。

　　因此，我們需要解釋為什麼1990至2000年代美中的共生關係在2010年代突然急轉直下變成競爭關係，因為美中兩國的政治和經濟制度並未有任何根本、性質上的改變。針對這一點，艾利森有關「修昔底德陷阱」的命題似乎提供了一條線索（Allison 2017）。艾利森從古希臘斯巴達和雅典兩個城邦的戰爭，觀察一個崛起的大國和一個既有強權之間的衝突，發現後者總是抱著猜忌，想辦法捍衛現有的老大地位，並試圖壓制任何新的挑戰者，而這是不可避免的發展軌跡。英國和德國之間的衝突以及二十世紀初俄羅斯和日本之間的衝突就是前車之鑑，艾利森斷言今日的中美關係正朝著同樣的衝突命運發展。從這個觀點分析，只要中國依然薄弱並安於扮演美國的小夥伴，美國和中國就會維持和平相安無事。然而，一旦中國壯大有自信，它就會開始展現出更大的野心，而美國也會開始視中國為眼中釘。於是，衝突會取代和諧。這種關於中美競爭關係本質的概念激發出許多研究作品，把兩國關係刻畫為一步步走向「強權競爭」（Colby and Mitchell 2020; Foreign Affairs 2020; Jones 2020）。

艾利森的解釋簡潔且似乎有說服力。但把民族國家之間的競爭當作中美關係的唯一解釋，帶來一個問題：兩國都積極參與的眾多國際組織，對於緩和或加劇中美的緊張關係扮演何種角色？近來，有一些新文獻填補上述空白，他們帶入全球治理機構的複雜性來補充強權競爭的觀點。這些研究將美中競爭置於各種新舊全球組織的政治脈絡之中，包括世界貿易組織、亞投行和金磚國家（由巴西、俄羅斯、印度、中國和南非等組成）（Hopewell 2016）。他們把美中競爭的問題轉變為另一個提問：中國崛起是否顛覆了二戰後在美國領導下所構建的自由主義規範和國際秩序，或者僅僅延續同樣的全球多邊主義（de Graaf et al. 2020）？

這些研究有的關注兩個大國之間的競爭，有的側重它們如何塑造和重塑全球治理機構中的規範及秩序，但都完全集中在地緣政治，而未能探討美中之間的經濟紐帶如何促成彼此關係的改變。他們假定國家是自主行動者，追求權力、世界主導權或全球治理權。自從「找回國家」（Bringing the State Back In）的觀點恢復韋伯學派國家自主性的概念以來，此一假定常見於政治學和政治社會學。從韋伯學派的觀點來看，自主的外交政策精英對國家利益的界定，以及精英社群網路內部形塑的政策取向，乃是分析國際政治的基礎。外交政策精英包含軍事、情報、外交官員、智庫學者和具有外交政策利益的民選官員（Krasner 1978; Skocpol 1985; Walt 2018）。這是依循韋伯的假定，認為國家在國際舞台上的行動是由「聲望情感」（sentiment of prestige）和追求世界上的「權力地位」（power-position）所驅動（Weber 2013 [1922]: 921-22）。此觀點是在回應國家的外交政策只是單純反映跨國公司經濟需求的馬克思學派觀點（Dreiling and Darves 2016; Panitch and Gindin 2013; Robinson 1996）。

　　除了國家中心學派和經濟學的觀點之外，還有一些更細緻的全球政治理論，把國家之間的競爭和企業組織之間的跨國聯繫或競爭視為兩個自主領域，彼此相互作用形塑世界秩序和衝突（Arrighi 1994; Arrighi and Silver 1999; Van Apeldoorn and de Graaff 2016）。我在劍橋大學出版社這本小冊子，引用這些理論的洞見，把國與國之間的地緣政治關係及企業間的資本主義關係連繫起來，檢視1990和2000年代中美共生關係的起源，還有兩國在2010年代如何轉變成競爭關係。本書重點在於分析全球政經宏觀結構轉變的脈絡下，美中之間企業和國家在中層（meso-level）的互動。

本書第二節探討美國在1970年代時打造一個新自由主義的全球帝國，處理它所經歷的經濟和霸權危機。這項嘗試獲得成功，美國在二十一世紀初達成帝國時刻（imperial moment），美國的獲利能力和全球權力都得到復甦。這場成功很大程度上有賴於中國被整合進新自由主義全球秩序；然而此事並非注定，而是經過中國政府與美國政治和經濟精英之間一連串的互動所實現。冷戰結束後，美國的外交政策精英於1990年代初開始把中國視為地緣政治的競爭對手。然而，中國共產黨和美國企業之間浮現的聯盟，使後者成為北京的代理說客，壓抑美國政府在地緣政治上敵視中國的衝動。

第三節檢視中國資本主義的發展過程就如其他地方資本主義的發展，進入了一場過度積累的危機，於2008年全球金融危機之後益發嚴峻。這場過度積累的危機造成債務快速增長和工業產能過剩，使得中共與底下的國企只能積極擠壓中國市場上的美國和其他外資，以尋求復甦。這場衝突促使曾帶頭確保中美關係友好的美國企業不再約束美國外交政策精英對中國的敵視。在某些地區，美國公司甚至尋求美國政府的幫助，強化與中國企業的競爭。美國企業對中國態度的轉變，凸顯中美兩國2010年之後在一連串議題上的敵對白熱化。

第四節說明當中國的過度積累迫使中國企業向海外擴張——尤其是向發展中國家——危及美國企業的利益和地緣政治影響力，此時中美資本主義在中國市場的競爭是如何擴散到全球市場。美中在世界舞台上資本主義之間的競爭，促使中國政府開始在亞洲和其他地區劃出自己的勢力範圍，加劇美中之間在地緣政治上的競爭。

美國與中國分列世界第一和第二大經濟體，國內生產總值與軍事預算總和分別佔世界的40%和50%以上，美中關係觸動世界政局的變化，決定二十一世紀世界秩序是有序或混亂。本書不僅試著解釋中美關係變化，也預測全球政治權力配置（configuration）的未來。本書的結論會比較新的中美對抗與二十世紀初大國強權之間的帝國競爭，藉此探討世界衝突或世界和平的可能情境。

2 中美共生
Symbiosis

2.1 美國主導的新自由主義全球化

二戰結束後，美國率領先進資本主義世界追求高工資、高福利和高消費的經濟成長模式，同時採取凱恩斯主義的市場管制（Arrighi 1994; Silver 2003）。這種行動主義型政府的典範與工人階級的力量，促成大多數已開發經濟體在戰後的長期繁榮（Brenner 2003）。然而，隨著停滯性通膨危機開始以及企業獲利能力下降，榮景在1960年代末劃下句點。危機有一部分是源於美國與歐洲和日本製造商的競爭白熱化，因為兩地的製造業已從戰爭的衝擊中完全復原，還有一部分則是因為有組織勞工推動工資長期上漲（Arrighi 2007: chs. 4–6; Brenner 2003）。

為了恢復資本主義的獲利能力，華府在1980年代展開一場新自由主義革命（Harvey 2007; Arrighi 2007: ch. 4–6; Arrighi and Silver 1999: ch. 3; Stein 2011）。新自由主義解決1980年代這場危機

17

的核心關鍵，是藉著瓦解工會與緊縮貨幣政策來馴服有組織勞工。自由貿易逼得先進國家的工人必須與海外低工資、無工會保障的工人競爭，這是壓制勞工用權力要求提高工資的另一關鍵（Hung 2018; Hung and Thompson 2016）。因此，美國帶領著全世界進入新自由主義的全球化，開放國內市場給外國的製造出口，換得美國的貿易夥伴對美國的投資開放。這樣做的結果是美國製造業大量遷徙到低工資的國家，生產消費品並出口到美國。這些變化也發生在其他先進的資本主義經濟體，促使全球供應鏈網路的崛起，形成全球化的基礎。

　　自從 1980 年代以來，美國一直是世界上貿易赤字最大的國家，而其他各主要經濟體（中國、日本和歐洲各國）都有或多少的盈餘順差，如圖 1 所示。

　　在新自由主義的全球經濟體系之中，美國始終是「最後一位消費者」（the consumer of last resort）。美國龐大的消費市場使得它可以發揮強大的力量，誘使其他國家進入全球自由市場（Hung 2018）。美國作為世界上最後一位消費者源於美國獨特的政治經濟，從歷史上來看，這個國家是傾向消費而非投資與出口。美國政治經濟獨樹一格之處是缺乏增值稅來抑制消費並鼓勵儲蓄、投資及出口──而這卻是大多數先進資本主義經濟體的特徵（Prasad 2012）。美元自 1945 年以來扮演全球貨幣儲備的角色，讓美國得以（且必須）跟全世界維持龐大的經常帳赤字。

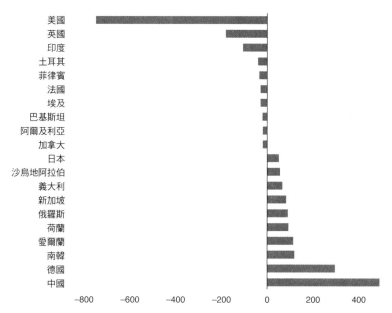

圖1　截至2016年十大順差國和逆差國的貨物貿易差額（單位：十億，美元現值）
來源：World Bank a (n.d.)

為了保有美元對世界經濟的掌控，美國還要讓美元外流以提供全世界充足的資產流動性。這是透過美國大規模的資本輸出以及同樣龐大的貿易逆差所達成。此外，由於美元是全球儲備貨幣，所以只有美國這個經濟體可以透過印製更多鈔票來彌補自身財政上的經常帳赤字（Klein and Pettis 2020: ch. 6）。

　　儘管在1971年尼克森廢除美元和黃金的自由兌換之後，世人預期美元的主導地位將會崩潰，但美元目前仍然是全世界國際交易和外匯存底中的霸權貨幣，第二名的歐元根本遠遠落後。當美元與黃金不再自由兌換，美元能長期維持霸權地位有賴於美國的全球安全保護傘，華府能夠向靠美國保護的重要資本主義國家施壓，逼其出口和外匯儲備以美元計價（Garvin 2003: 20; 另見Eichengreen 2011:71; Posen 2008; Strange 1980）。

　　許多發展中國家一開始抗拒新自由主義的全球化。冷戰時期主流的發展模式是進口替代（import substitution）和國家引導的工業化（state-led industrialization）。許多威權政體，不管是左派還是右派，都帶著猜忌保護國內市場，限制外資進入，把最大的經濟收益留給政商關係良好、有壟斷性且依賴政府大方補貼的本土企業。為了吸引這些發展中國家加入美國為首的全球化，美國利用了1980年代的國際債務危機。美國聯邦儲備銀行在1980年代初緊縮貨幣供應以壓制有組織勞工並抑制通貨膨脹，於是美元的利率暴漲20%以上，使得許多發展中國家和蘇聯集團的國家受到沉重打擊，因為這些國家在1970年代為了發展和消費大量舉債。當這些國家瀕臨違約還不出美元債務之際，國際貨幣基金和世界銀行出面提供緊急貸款，為他們保留一線生機。貸款有附帶條件，債務國必須進行結構性調整改革，包括私有化、資本市場自由化和推動出口。這些有附帶條件的貸款成為美國的工具，用來拉著許多不情願的發展中國家和蘇聯集團國家進入全球自由市場（Bienefeld 2000）。

　　總之，從1980年代開始，美國主導的全球化計畫是在挽救整個先進資本主義國家獲利能力的危機。1993年，當柯林頓成為冷戰後首任美國總統，美國有機會把自由貿易擴展到前社會主義集團和拉丁美洲等廣大的新陣地，而拉丁美洲的北美自由貿易協定（NAFTA）被認為是邁向美國自由貿易集團的第一步。

　　當時，中國在1989年天安門鎮壓和1991年蘇聯解體之後，陷入了經濟的停滯狀態，並面臨政治上的不確定。1970年代以來，是蘇聯這個共同敵人把華府和北京連在一起，隨著蘇聯瓦解，華府也重新評估他們與中國政府的準聯盟關係，他們並不急於把中國拉入全球化的軌道。反之，柯林頓政府的外交政策精英一開始把威權的中國視為潛在的對手，並將促進人權作為中國政策中的優先工作。「中國威脅論」的外交政策論述開始在華府發酵，預測中國是繼蘇聯之後華府下一個必須對抗和遏制的強權（Bernstein and Monro 1997; Callahan 2005; Huntington 1996; King 2005; Storey and Yee 2002）。1990年代美中的盟友在南海和東海的衝突激增、1996年的台海危機、巴基斯坦核擴散涉及中國、1999年美國轟炸中國駐南斯拉夫貝爾格萊德大使館、2001年美國間諜機在南海與中國戰機碰撞，這一切都指出冷戰結束後美中地緣政治的緊張關係越演越烈。

　　由於中國並未受到第三世界債務危機的衝擊，國際貨幣基金和世界銀行沒有什麼誘因或籌碼來迫使北京採取結構性調整的改革方案（Hung 2016: Ch. 2-3）。中國在1990年代加入全球自由貿易秩序，既不是西方的邀約也不是壓力所致。1980年代中國共產黨領導人主動在經濟上改革開放，並在1990年代要求將中國納入全球自由貿易體系，北京甚至動員美國公司把美中政策從最初人權議題所帶動的政治對抗轉向經濟的接觸。中國是自己心甘情願進入冷戰後的全球自由市場。

2.2 中國追求全球自由市場

1980年代，中國市場改革的主要推動力是農業去集體化，農村工業及地方政府經營的鄉鎮企業興起。鄉鎮企業利用農村剩餘勞動力生產消費品供應國內市場。同時，有一些南方城市受益於香港製造業的資本流入，開始發展出口導向工業，但整體經濟的出口份額佔比仍然很少（Hung 2016: ch.3）。天安門血腥鎮壓之後，市場改革和經濟發展停滯不前。1991年蘇聯解體，然後鄧小平在1992年的南巡持續深化更加大膽的改革，重新啟動經濟增長。經濟雖然恢復，但隨之而來的是高通貨膨脹和經濟過熱。更糟糕的是，國有銀行打開控制閘門，開始向地方政府和國有企業放貸，點燃投資熱潮，造成債務高築以及貿易赤字不斷增加。當通貨膨脹超過20%時，外匯儲備急劇下滑。

　　為了對抗經濟危機，當時負責經濟事務的國務院副總理朱鎔基動手控制銀行貸款。他設法把經濟重新調控為由外國直接投資（FDI）和出口驅動，挽救貿易赤字不斷惡化和外匯存底持續縮水的情況。為了達到調控目標，朱鎔基於1994年1月讓人民幣貶值30%，並從鄉鎮企業中撤資，以便把農村剩餘勞動力釋放出來提供給沿海出口導向的工廠（朱鎔基 2011: 392–93）。

　　自1960年代以來，美國市場一直是東亞出口導向製造業最大的市場。整個1980年代，美國也是中國出口部門最大的目的地。北京努力把中國經濟轉向出口導向的成長，若要讓此事成功，則美國市場必須以低關稅保持開放，接納中國出口的產品。然而，正當中國經濟處於轉向出口導向成長的關鍵時刻，美國市場卻暫停對中國產品開放（自1979年美中建立正式外交關係以來，美國市場一直向中國產品開放）。1993年柯林頓就任成為十多年來第一位民主黨總統，不久，新政府之中後冷戰的外交政策精英就試圖讓中國貨物的關稅與中國人權狀況掛鉤，支持此舉的還有人權倡議者（他們並不欣賞中國政府）以及勞工團體（他們並不欣賞自由貿易）。

　　柯林頓政府打算採取的具體政策是把中國人權的改善，搭上關稅暨貿易總協定（GATT）貿易框架下的最惠國待遇。二戰之後，國際貿易受到關貿總協定的規範，直到1995年才由世界貿易組織取代。關貿總協定的成員有義務向其他成員提供最惠國待遇，使所有成員的出口同享最低關稅。冷戰期間，大多數共產主義國家都被排除在關貿總協定之外，而美國的貿易法規禁止美國政府把最惠國待遇給共產國家。1974年後，如果共產國家允許人民自由遷徙到非共產國家，美國總統就可以給予最惠國待遇。最惠國待遇的地位每年需要由白宮更新，每次由總統更新之後，國會有60天的時間來推翻更新名單，但總統又可以否決國會的決定。國會如果要再推翻總統的否決，需要參眾兩院三分之二以上的多數支持（Heritage Foundation 1979; Kuo 1994）。

　　1979年美國與中國政府建交，卡特政府立即給中國最惠國待遇。在雷根和老布希時期，白宮每年沒有太多爭議就延長中國的最惠國待遇。在1990年代之前，美中貿易並不重要，美國延長中國的最惠國待遇是美國地緣政治戰略的一環，滿足中國的經濟需求以換取中國一起制衡蘇聯在亞洲的影響力。1980年代末到1990年代初美中貿易開始起飛，美國有組織勞工以及南部各州的紡織業和其他勞力密集型產業開始出現反對與中國自由貿易的聲浪。1989年天安門大屠殺之後，要在國會中每年延續中國最惠國待遇一事所面臨的的挑戰越來越大。在中國的血腥鎮壓之後，反自由貿易的行動主義者、代表勞工組織的民主黨議員、人權倡議者和傳統的反共戰士聯合起來，試圖終止中國的最惠國待遇。老布希明確表示，他將使用總統否決權推翻國會一切想阻止中國最惠國待遇更新的提案。由於共和黨控制參議院，總統的否決權本不應該受到挑戰，但國會裡的勢頭卻是反對延續中國的最惠國待遇。從1990到1992年，美國國會有三次試著將中國的最惠國待遇加上人權條款，公開表示如果中國無法滿足這些人權條件，將終止其最惠國待遇。這些人權條件曾經兩度在參眾兩院通過，但都遭到老布希總統的否決。

由於白宮由共和黨主政，而共和黨自尼克森與季辛吉以來，出於地緣政治的考慮，一直致力於與中國維持穩定的關係，因此不管民主黨如何反對延長中國最惠國待遇都是徒勞無功。然而，情況在1992年發生變化，當時的總統大選預示民主黨將取得勝利。在選舉期間，自由貿易和中國的最惠國待遇成為候選人之間爭論的焦點。尋求連任的共和黨老布希，承諾會延續政府的自由貿易政策，包括啟動北美自由貿易協定以及無條件延長中國的最惠國待遇。獨立參選的商人裴洛提出反貿易的政綱，反對北美自由貿易協定以及延長中國的最惠國待遇，而民主黨的柯林頓的立場則在兩人之間，稍微反自由貿易。柯林頓在競選期間承諾在北美自由貿易協定的附帶協議中增加勞工和環境條款，並承諾不再無條件延長中國的最惠國待遇，而是當其符合嚴格的人權條款才予以更新。

柯林頓把人權與延長中國最惠國待遇掛鉤的立場，可以歸因於1989天安門鎮壓以來外交部門中捍衛人權的理想主義者。但此舉更要回應有組織勞工對經濟問題的關切，因為民主黨就是受到勞工支持才能贏得總統大選。美國有組織勞工一直擔心中國低成本、無工會保障的勞工會讓競爭更加激烈。因此，堅持在中國的最惠國待遇加上人權條件可說只是一塊薄紗，底下的真面目就是保護主義者反對美中貿易自由化。

在柯林頓上任的第一年，外交政策部門到處是傾向推動人權議題的理想主義者。其中包括國務卿華倫、美國駐聯合國代表歐布萊特和負責東亞和太平洋事務的助理國務卿洛德（八九天安門鎮壓期間的美國駐華大使）（Lampton 1994: 601-3, 617-18）。蘇聯集團的民主轉型讓外交政策機構中的人權理想主義者士氣大振。除此之外，從雷根和老布希主政時期就一直支持國會推翻中國最惠國待遇的有組織勞工，也因為新的民主黨政府上台感到有了權力。因此，柯林頓在1993年5月28日宣布，中國的最惠國待遇不再每年自動更新。反之，最惠國待遇將視白宮審查中國在七個人權領域是否有進展而定，其中包括監獄勞動、釋放政治犯、宗教自由和西藏自治等最具爭議的議題。假如中國未能在任何兩個議題有所改善，將導致中國的最惠國待遇遭到停止。

中國最惠國待遇每年不再無條件更新，使得美國企業再也難以確定中國的商業環境。萬一中國在未來幾年失去最惠國待遇，中國產品進入美國的關稅可能會急遽上升。如果不能延續最惠國待遇，中國是否會對已在中國的美國企業做出報復，還有如何報復，也充滿了不確定。無論每一年的審查實際結果為何，把最惠國待遇與人權狀況掛鉤，等於阻止美中貿易進一步增長，也防止美國企業供應鏈擴張到中國。中國努力轉向出口導向的發展遇到一大障礙。

2.3 跨國公司、華爾街和柯林頓時期的中國政策

柯林頓政府設定人權條款引起美國企業排山倒海的遊說，要求把人權與對華貿易脫鉤。長期以來，企業依靠共和黨總統的否決權確保中國最惠國待遇得到延續，到了1993–94年之間，企業開始動員遊說民主黨（Destler 2005: 211–13; Lampton 1994; Sutter 1998; Zeng 2004: ch. 4）。乍看之下，美國企業之所以遊說反對人權條款，可能是因為他們已在中國做生意、所以政策轉變將對他們不利，或者，那是因為他們預期中美貿易進一步自由化將給他們帶來好處。

這些遊說工作有個現象違反常態：其他的商業遊說活動往往是由美國商會和全國製造商協會等團體掛帥，但針對中國的遊說活動則是由個別的跨國公司領銜（Lampton 1994; Sutter 1998; Zeng 2004: ch. 4）。如我們在下一節所見，另一個違反常態的現

象是許多最積極遊說的公司並未在中國投資；因此，即使美中貿易自由化，他們的業務也不會自動得到龐大利益。還有，有一些最終在美中自由貿易中賺大錢的公司，顯然是刻意缺席1993-94年的遊說活動。那時候，許多美國公司未能預見中國在全球化的核心地位。在柯林頓政府執政的第一年，許多美國企業和商業團體的遊說重點是確保北美自由貿易協定順利通過（Hung 2020a）。當時，全球化的擁護者認為北美自由貿易協定乃是邁向美國自由貿易區的起點，而很少有人把仍受共產黨統治的中國視為全球化的灘頭堡。

我們可以計算1993與1994年國會記錄中討論人權與貿易脫鉤時各家公司被提及的次數，藉此測量不同公司在遊說人權與最惠國待遇地位脫鉤的參與程度。一般來說，當公司簽署的請願書被列入國會記錄，或者當特定的國會議員代表某些公司的利益發言，討論最惠國待遇就會提到個別公司。提及這些公司的次數大約等於各家公司在遊說行動中不同的參與程度。為了確認結果，我還記錄同一時期各公司在媒體上被人提及支持延長中國最惠國待遇的次數，先是三家主要報紙，然後涵蓋所有新聞報紙。這幾種不同計算方法都彼此吻合。每一個算法都顯示波音公司最積極支持延長中國最惠國待遇，緊追在後的是美國電話電報公司（AT&T）。

從各家公司在美中貿易的實際和潛在關係來看，我們可

以把所有公司分為三類，如表1所示：第一類是已經在美中貿
易有既得利益，並且確定會從貿易自由化受益；第二類是尚未
與中國有很多商業連結，但能夠合理期待從美中貿易自由化受
益；第三類則是因為公司的業務性質，即使中國產品出口到美
國享有低關稅，這些公司也不一定會得到好處。

　　許多公司並未在中國投資，但期待從美中貿易自由化獲
得好處，例如底特律的汽車公司都相當積極，因為中國有可能
成為他們出口的龐大市場。而那些已相當依賴美中貿易的公司
──尤其早就外包給中國工廠的鞋類和服裝零售商──並非最
積極遊說的公司。最令人費解的是有一些公司與中國貿易毫無
瓜葛，也不會直接由中國出口到美國市場的低關稅獲得明顯的
好處，包括電信公司AT&T、衛星公司休斯電子，以及能源公
司埃克森美孚，但他們是遊說工作中最積極的一群。波音和其
他飛機製造商也屬於這一類，因為美國對中國出口飛機並非透
過常規的貿易管道，而是需要美國和中國政府逐一批准。美國
政府對於飛機出口的規範，有如那些深深影響國家安全的重要
武器及各種敏感技術。因此，飛機的買賣往往與兩國政府的雙
邊談判有關。例如，波音公司在1972年夏天賣給中國第一批
飛機，當時美國和中國之間尚未有正式的貿易關係，這份訂單
是尼克森同一年稍早訪問中國的直接結果（Witkin 1972）。

　　和對華貿易沒有直接關聯的企業卻向白宮和國會議員發

表1 美國國會記錄與新聞報導關於最惠國待遇辯論所提到的公司
（排名依據國會記錄與報紙出現次數的總和），1993–4

排名	公司	美國國會記錄	紐約時報、華盛頓郵報、華爾街日報	所有報紙	國會加所有報紙合計	公司類別*
1	波音公司	115	43	317	432	3
2	AT&T	77	39	138	215	3
3	通用汽車	101	20	53	154	2
4	麥道	70	15	64	134	3
5	IBM	93	5	34	127	3
6	克萊斯勒	67	12	49	116	2
7	奇異電器	73	13	43	116	3
8	Nike	32	15	59	91	1
9	西爾斯百貨	67	5	24	91	1
10	福特汽車	46	13	39	85	2
11	摩托羅拉	40	9	38	78	3
12	西屋電器	47	4	24	71	3
13	可口可樂	28	8	36	64	2
14	休斯	27	9	36	63	3
15	洛克希得	55	2	5	60	3
16	埃克森石油	56	1	3	59	3
17	柯達	50	2	8	58	2
18	美國農業事務聯合會	54	0	3	57	1
19	百事可樂	37	2	15	52	2
20	英特爾	43	0	6	49	2

* 公司類別：

1. 已經在美中貿易有既得利益，並且確定會從貿易自由化受益；

2. 尚未與中國有很多商業連結，但能夠合理期待從美中貿易自由化受益；

3. 因為公司的業務性質，即使中國產品出口到美國享有低關稅，這些公司也不一定會得到好處。

來源：ProQuest US Newsstream, www.proquest.com/usnews/advanced; Congressional Record, www.congress.gov/congressional-record.

出請願信，發動員工打電話或一人一信寫給自己選區的參眾議員，這些公司有許多是國會和總統大選時候選人的重要金主。比方說，AT&T是所有團體贊助者捐款最多的公司，1992年選舉期間捐款兩百多萬美元（Hung 2020a: table 4）。另一個例子是休斯電子公司在1992年大選積極贊助柯林頓的總統競選。1993年末，休斯公司的執行長寫了兩封措辭直白的信給柯林頓，提醒他休斯如何以政治獻金支持他的競選活動，並要求白宮在最惠國待遇之外，也重新思考對中國的制裁（Gerth 1998）。

有組織勞工是民主黨的主要選民，他們反對上述遊說行動。柯林頓承諾把人權條件與中國的最惠國待遇掛鉤，其中一個重要原因就是勞工的影響力。另一批反對者是南方的紡織業，他們不希望低成本的中國進口品使他們顯得沒有競爭力（Zeng 2004: 112, 122）。積極維護人權的運動者和流亡的中國異議人士也是反對聯盟的一份子（Campbell 2015）。

1994年初，柯林頓政府在有組織勞工和企業利益之間左右為難，仔細考慮要延長中國的最惠國待遇，儘管中國遠遠未能達到1993年設定的人權條件。在此同時，白宮新設立且權力不斷提升的國家經濟委員會大幅增加華爾街在政府決策過程中的發言份量。國家經濟委員會於1993年1月25日在總統行政命令下成立，1997年柯林頓稱這個部門是「我們在白宮最重要的一項組織創新」（引自Krueger 2000）。華爾街銀行業界的老兵和高盛公司的聯合主席魯賓是委員會首任主席。國家經濟委員會的任務是把涉及國內和國際經濟政策決策過程的權力集中，並監督決策的落實。它仿效1947年設立的國家安全委員會在冷戰初期集中外交政策的決策權力。國家經濟委員會的成員許多來自影響力強大的國家安全委員會，他們成功地從國務院手中搶走貿易關係的控制權（Dolan and Rosati 2006; Lampton 1994: 606, passim）。

魯賓就任國家經濟委員會的主席後，金融部門的觀點和利益主導整個政府。柯林頓時期經濟顧問委員會的委員（1993–5）與主席（1995–7）史迪格里茲指出，經濟決策過程已不再考量如何平衡不同群體的利益，而「金融……佔了上風」，債券和股票市場的動向成為政策的主要指導原則（Stiglitz 2002: XIV）。同樣地，藍普頓根據他對柯林頓時期的官員所做的廣泛訪談，觀察到「總統和他的經濟顧問對金融市場的變化異常敏感……1994年上半年……金融市場對中美關係惡化的前景出現負面的回應」（Lampton 1994: 608）。

華爾街在白宮的主導態勢，強化了親中貿易聯盟之中的企業聲音，犧牲想利用貿易政策削弱中國威權政體的外交政策精英。1994年春，國家經濟委員會、國務院和民主黨眾議院的領袖就中國最惠國待遇的議題公開爭吵。那年1月，國家經濟委員會主席魯賓在《華盛頓郵報》上表示支持無條件更新中國的最惠國待遇，並建議給予永久的最惠國待遇。對此，國務院資深官員向白宮抗議，聲稱魯賓的評論「可能會削弱政府為了改善中國人權記錄所持續施加的壓力」（Inside US Trade 1994a）。當時在眾議院擔任美中工作小組主席的裴洛西也批評無條件延長的提議，並強調：「在眾議院，我想我可以明確地說⋯⋯我們相當堅定地支持要把中國改善人權列為延續最惠國待遇的條件」（Inside US Trade 1994b）。

　　最終，企業和華爾街的力量佔了上風。1994年5月26日，柯林頓宣布政府將把中國的人權進展放在一旁，繼續延長中國的最惠國待遇，這項決定推翻他在1993年提出的每一年更新都要視人權進展的舊政策。許多眾議院議員試圖推翻柯林頓的決定。同年6月8日，保守派的共和黨議員索羅門提出決議案，主張不管柯林頓的決定，撤銷中國的最惠國待遇（H. J. Res. 373, 103rd Congress）。所羅門的決議案出自他堅定的反共立場，但也贏得一些左派議員的支持。其中一位左派的支持者是佛蒙特州眾議員桑德斯，他指出：「大家是不是瘋了，像這種允許工人遭到無情剝削的國家，我們居然在討論要不要給予最惠國待遇。⋯⋯美國工人不可以，也絕對不能被送去和中國工人競爭」（US Congress 1994b: 20477）。這項決議案最終在眾議院以75對356的懸殊票數之差遭到否決。

　　除了所羅門決議案，眾議院內還有一批民主黨骨幹與柯林頓政府公開決裂，並於6月16日提出一項法案要對中國的最惠國待遇加上附帶條件（HR 4590, 103rd Congress）。這些人包括人權倡議者裴洛西以及來自密西根州的勞團代表、曾任眾議院民主黨黨鞭的鮑尼爾。法案規定中國的最惠國待遇應該只適用在私營企業，而不涵蓋具有軍事背景的企業或國有企業。由於有一些民主黨資深議員贊同這項法案，於是企業方面傾巢而出支持延長中國的最惠國待遇：307家公司和商會連署寫信給國會反對這項法案，支持柯林頓無條件延長最惠國待遇（US Congress 1994b: 20507–09），最終法案在眾議院以158比270的票數受挫。

2.4 北京在華府那雙看不見的手

　　柯林頓對中國貿易政策的逆轉，可說是商會戰勝有組織勞工、人權倡議者、致力推動人權的外交政策精英以及國內勞力密集產業所組成的聯盟。正如所見，多家擔任說客的重要企業，如電信和石油公司，並未直接從中美貿易自由化得利。這次遊說行動由個別公司進行，而不像其他多家公司的遊說行動是由商會統籌，也是一個耐人尋味的現象。其中有一股最重要的力量，把許多企業聚集起來，變成一個有影響力的聯盟並支持人權與對華貿易脫鉤，那就是中國政府本身，中國政府積極雇用並安排這些公司擔任說客。

　　柯林頓在1993年初決定中國最惠國待遇的更新取決於人權的改善，這對中國來說是最差的時機，因為當時中國政府為了回應1992–94年的經濟危機，打定主意帶領中國經濟朝著出口導向走。因此，中國政府的當務之急是確保自己最大的出口市場——美國，繼續以低關稅向中國開放。在辯論人權與貿易是否脫鉤期間，民主黨國會議員察覺中國大使館雇用的遊說公司在國會山莊的動作頻頻（例如，US Congress 1994a: 5791）。只不過中國政府直接插手的遊說工作成效不彰，也引來輿論反撲（Silverstein 2007; Sutter 1998: 63）。

　　北京試圖讓華府的多方平衡最後傾向脫鉤，其中最重要的手段就是拉攏美國大公司。早在1990年，中國駐美國大使館商務參贊黃文俊就曾致函美國各大企業，他在信中說：「請發揮你們在美國政府、國會以及新聞媒體上的影響力，出力保住中國的最惠國待遇，以免……中美兩敗俱傷」（引自Weisskopf 1993）。同樣地，《洛杉磯時報》的商業專欄作家指出：「中國領袖正推動美國的公司遊說美國政府，而美國的企業似乎亟欲合作。其中一些人在北京的美國商會上訓斥美國國務卿克里斯多福，批評他過於強調人權」（Flanigan 1994）。

　　美國對於1993–94年間中國政府用什麼收買美國公司向白宮與國會進行遊說的資料並不多。少數報告顯示，中國官員赤裸裸以訂單脅迫美國公司代表中國遊說華府。例如，中國官員曾警告波音公司，如果它不努力替北京所偏好的政策進行遊說，中國的國有航空公司將停止訂購波音的飛機。波音的國際策略專家坦承，如果不這樣做，公司就會「完蛋」（Holmes 1996）。波音公司是坦承受到中國施壓的少數例外。其他公司如果真受到類似的壓力，大多不願意承認北京對他們的行動有實質影響，因為這很容易引來非議，讓人說該公司與外國專制政府勾結。

另一方面，中國的官方媒體則毫不掩飾地報導中國政府努力爭取美國公司協助延長中國的最惠國待遇。據《人民日報》報導，美國應邀訪問中國的商業代表團數量在1993年和1994年達到高峰（Hung 2020a: figure 2）。美國企業的高階主管在訪華旅程中與中國政府針對大筆訂單及合約簽署備忘錄。中國的接待方也經常明講這些買賣就是因為美國的貴賓努力在1994年為更新中國最惠國待遇做遊說。除美國的訪華代表團，中國官員也出訪美國，造訪各公司總部簽署合約或備忘錄，報答他們在最惠國待遇方面襄助。這就能解釋那些過去在中國未有投資且與美中貿易沒有太多直接關係的美國公司，為何會如此積極做遊說。最積極遊說人權與貿易脫鉤的公司之中（見表2），許多公司都從中國政府獲得為他們量身訂製的激勵方案。這些公司在1993–94年間從中國拿到的生意請見表2。

公司在中美貿易中已經有既得利益，比如已開始把生產外

表2 中國政府給支持無條件延長中國最惠國待遇的美國大公司的誘因，1993–4

公司	誘因
AT&T	1993年春主管訪問北京，表示支持無條件延長中國的最惠國待遇，並簽署合作備忘錄，承諾與中國進行全面的長期合作（《人民日報》，1993年5月23日；1994年4月29日；1994年4月30日；Warwick 1994）。
波音	中國向波音公司提出46億美元的飛機訂單（US Congress 1993: 12153–54）。
埃克森石油	1994年4月，國務院副總理鄒家華訪問埃克森美孚位於德州的總部，感謝該公司支持延長中國最惠國待遇，並簽署了一份中國海上天然氣和油田的協議（《人民日報》，1994年5月4日；1994年5月7日；1994年5月28日）。
休斯航太	允許使用中國的低成本衛星發射；7.5億美元的衛星和設備合約（Gerth 1998; Gerth and Sanger 1998; Mintz 1998; Weisskopf 1993）。
農業	中國農業貿易官員於1993年5月訪問華府，透過全國小麥種植者協會就十個州的大規模小麥採購進行磋商（Weisskopf 1993）。
奇異	中國國務院副總理鄒家華承諾讓奇異公司進入能源和其他領域（《人民日報》，1993年12月18日）。
IBM	中國副總理鄒家華拜訪IBM總部，IBM與中國商務部簽署技術合作備忘錄（《人民日報》，1994年4月30日）。
麥道	鄒家華副總理於1994年4月底參訪麥道公司在加州的工廠，感謝該公司支持延長中國最惠國待遇，並簽署了一份合約（《人民日報》，1994年5月5日；1994年5月7日；Schoenberger 1994）。
各家汽車公司	中國從底特律的車廠購買1.6億美金的汽車（Weisskopf 1993）。
摩托羅拉	中國國家主席江澤明承諾進一步開放中國電信基礎設施（《人民日報》，1993年11月12日）

包到中國工廠的零售商,則會出於自身利益,為延續最惠國待
遇進行遊說。但中國政府對此似乎未再提供額外的激勵措施爭
取他們的幫助。對於那些在美中貿易沒有太多直接利益,但在
華府深具影響力的公司,中國政府提供條件很好的交易,此外
中國官員也直言不諱地指出這些交易目的在於獎勵那些努力為
中國當說客的公司。

國會對此進行辯論期間,有一些支持人權與貿易脫鉤的
議員承認,終止中國的最惠國待遇將危及中國給特定公司的肥
約。例如,有一位共和黨參議員列舉一串企業合約清單,藉此
將自己支持貿易與人權脫鉤的行為合理化,假如中國的最惠國
待遇未能無條件更新,這些合約就會失效,其中包括:

摩托羅拉價值1.2億美元的第一期電信工廠建廠;三大
汽車製造商的1.6億美元訂單;路易斯安那州、德州和華
盛頓州的公司價值2億美元的石油鑽探設備。休斯航太
公司8億美元的衛星設備;AT&T 10億美元的交換機和
其他電信設備;大西洋里奇菲爾德公司石油天然氣公司
(ARCO)在中國南部沿海開發一片價值12億美元的天然氣
田計畫;以及預計接下來幾年下給波音飛機46億美元的
噴射機訂單與購買權(US Congress 1993: 12153-54)。

　　AT&T就是一個清楚的例子。這間公司在1992年總統和國會選舉中是民主黨和共和黨候選人最重要的金主。儘管AT&T在美中貿易沒有明顯且直接的好處，但1993年中國承諾讓它進入中國電信市場。1979年中美建交，中國政府邀請AT&T協助中國推動電信網路的現代化，但遭到這家公司婉拒。整個1980年代，中國轉而邀請日本和歐洲公司開發國內的電信基礎設施，而在1990年代初，外界普遍預期中國將開放電信市場。一旦開放，已經在中國的外國電信公司將搶佔先機，而AT&T則只能落後一步。因此，AT&T亟欲在中國建立自己的地盤（Warwick 1994）。

　　1993年春，AT&T的管理層前往中國，表示支持無條件延長中國最惠國待遇。他們這次訪華獲得一份價值五億美元的合約，並與中國國家計畫委員會簽署備忘錄。備忘錄承諾AT&T和中國在十個領域合作，包括技術轉移、共同研發、訓練中國公民、設備銷售、提供網路服務以及管理（Barnathan 1994; Luo 2000; Yan and Pitt 2002）。中國的AT&T成立於1993年年中，1994年五月AT&T簽署了一份補充協議，明確指出接下來兩年內將在中國投資1.5億美元。時任中國AT&T的執行長沃里克在1994年寫道：「中國的市場潛力有數十億，AT&T將完全投入中國、與中國站在一塊、為中國服務」（Warwick 1994: 274）。

　　因此，AT&T帶頭為無條件更新中國的最惠國待遇進行遊說。但在1994年人權與貿易確定脫鉤後，AT&T在中國的情況急轉直下。中國政府以強力監管與財政大力支持的國有電信巨頭把AT&T推到一旁，它在中國的命運遠不如1993-94年與北京簽訂備忘錄的內容所預期。如今，AT&T在中國電信市場上的影響力微乎其微（Johnson 2000; Lau 2006; Walter and Howie 2012: 156-64），我會在下一節再回過頭談這個個案。

中國貿易自由化所造成最終大勝的幾個贏家，並未參與1993-94年間的遊說，蘋果公司和沃爾瑪就是其中兩個例子。蘋果1994年在《財富》500大企業已經名列67位，並且逐步爬升成為全國的零售巨頭。然而，當各家公司使出渾身解數為延長中國的最惠國待遇遊說時，卻看不到蘋果的身影。1994年8月國會辯論最後攤牌時，蘋果公司甚至不在支持脫鉤的307家企業連署名單上。而且，蘋果也不在中國政府拉攏的企業名單。

1990年代初，這些公司不願意把生產線轉移到中國。蘋果當時是最大的電腦製造商，正積極擴大公司在加州和科羅拉多州的生產基地。直到1997-98年之間，蘋果才因新產品上市情況不理想而遭到重挫，找回賈伯斯擔任總裁，並由庫克擔任全球營運的副總裁，開始把公司的生產線轉移到中國，走上削減成本和恢復獲利的策略（Duhigg and Bradsher 2012; LEM 2006; Prince and Plank 2012; Weinberger 2017）。因此，蘋果在1993-94年間並未積極推動美中貿易自由化。可以說這家公司秉持機會主義的心態，它在獲利危機期間之所以能夠從貿易自由化受益，完全是因為貿易已經自由化了。同樣的例子也見於沃爾瑪超市主要的紡織品供應商，例如總部位於肯塔基州的德比襪業公司，這家公司在1990年代並未外移到中國，而是在二十一世紀初美中自由貿易全面推進後才遷到中國（Sebenius and Knebel 2010; Smith 2012: 251-52）。

　　總而言之，柯林頓執政的第一年，華府的外交政策精英將貿易作為改善中國人權的槓桿。中共則設法動員幾家最具影響力的美國公司，扮演其「代理說客」，逼使民主黨政府把對中國的自由貿易放在政治自由化之前，成功左右美國的政策（Wagreich 2013）。柯林頓政府提出一套「建設性交往」的理論來合理化其作為，主張美國與中國自由貿易可以賦予中國私營企業和中產階級權力，因而推動政治自由化。無論如何，北京成功把自己帶入美國領導的全球自由貿易秩序，而無須放棄威權的一黨專制。

　　中國的最惠國待遇與人權考量脫鉤，是中美貿易自由化關鍵的轉折點。自1990年代中以來，美國作為世界上最大的消費國對全球自由貿易的支持不斷增長，而中國則不斷融入全球貿易體系，發展成體系內的最大出口國。柯林頓逆轉其政策，無條件同意中國最惠國待遇，如此一來就鋪好道路，讓美國在2000年能夠賦予中國永久正常貿易關係的地位（「最惠國待遇」

在1998年改為「正常貿易關係」）；這也排除中國在2001年加入WTO的最後一顆絆腳石。到了2000年，美中永久正常貿易關係的辯論來到國會，此時美中貿易多年來的自由化已經造成企業界在中國貿易中有了一種自我維持且根深蒂固的利益，使得他們自動自發地為進一步自由化做遊說（Dreiling and Darves 2016: 223–27; Skonieczny 2018）。由此帶來的美中經濟共生還有美國企業的利益，就成為一大制約力量，華府外交軍事部門雖將北京視為主要地緣政治對手，也施展不開。

中國加入WTO促成中國在2000年代經濟狂飆來到高峰及美國的金融繁榮。由於中國低工資體制和收入分配嚴重不均，也讓中國的生產一直大於消費，因此高度依賴全球市場吸收中國的產能。美國是中國最大的出口市場，最近才被歐盟超越。中國出口導向型產業快速擴張，使中國成為亞洲各國之間對美國的最大出口國（Hung 2016: table 3.6）。

除了出口部門，中國的固定資產投資，包括大部分由國家部門掌握的基礎設施和住房建設，則是帶動中國經濟榮景的另一顆引擎。但是，中國大部分的固定資產投資都是靠銀行貸款融資。銀行體系的流動性很大一部分來自「沖銷」過程，即出口商把收到的外匯交到國有銀行之手，換取中國人民銀行（中國央行）發行等值的人民幣。換句話說，助長中國投資的信貸擴張主要源於中國的貿易順差和出口部門。因此，中國經濟繁榮所謂的投資和出口雙引擎，其實還是出口的單引擎（Hung 2016: ch. 3）。

　　中國出口到世界各地的產品幾乎都是以美元計價，長期的貿易順差使中國人民銀行能夠掃進更多美元充實外匯存底。中國跟隨日本和亞洲四小龍（韓國、台灣、香港和新加坡）的腳步但規模更大，將外匯存底投資美國國債，這是最安全、最有流動性的美元資產。這項投資為美國不斷擴大的財政赤字提供了資金。自 2001 年以來，中國持有的美國國債隨其外匯存底的成長而增加。2008 年，中國已成為全世界擁有最多美國國債的國家，2008 年金融危機後的十年內，中國持有的美國國債又倍增（Hung 2016: ch. 5）。

　　美國的消費市場以及華府將中國納入全球自由貿易體系的政策，使中國實現出口導向的經濟起飛。中國廉價的出口推動美國的消費熱潮，而中國再將美元收入投進美國公債，為美國不斷擴大的財政赤字提供資金。這也使美國的利率一直維持低檔，助長美國經濟的金融化以及以金融主導的繁榮。這樣的經濟共生關係是中國政府在 1993–94 年的關鍵時刻所尋求的，他們並成功奠定了此一關係，弗格森將其描述為「中美國」的形成，彷彿兩個經濟體已合而為一（Ferguson and Schularick 2007）。

　　到了柯林頓執政的尾聲，我們清楚看到因為蘇聯解體權力真空下接二連三的區域性地緣政治危機（如科索沃戰爭），以及全球自由市場不受監控而出現的金融危機（從1994年的墨西哥貨幣危機到1997–98年間的亞洲金融危機），造成後冷戰的全球秩序一片烏煙瘴氣。前者需要美國加強對地緣政治熱區的軍事干預，後者則需要美國主導的金融介入拯救受到衝擊的經濟體和銀行，兩者都不斷加重美國的財政負擔。

　　進入2000年代後，美國的外交軍事干預隨著伊拉克戰爭和阿富汗戰爭爆發而擴大。金融紓困行動也在各種越演越烈以及不斷擴散的金融危機中（於2008年的金融危機來到最高點）持續增加。這些干預行動把美國進一步推向費用驚人的全球帝國之路（Hardt and Negri 2000; Harvey 2005; Ikenberry 2004; Panitch and Gindin 2013）。中國低成本的製造出口以及在「中美國」架構下對美國公債的投資，成為美國打造帝國最重要的經濟與財政基礎。2000年代，當美國在中亞和中東分身乏術時，中國也協助美國遏制亞洲的地緣政治風險，例如北韓的核武危機。中國在中美國的全盛時期，變成美全球帝國不可或缺的幫手。

3 資本主義間的競爭

Intercapitalist Competition

3.1 黨國資本主義與美國公司

　　1990 年代的改革開放把中國轉變成一個資本主義經濟體
——基本上由資本積累的必要性驅動主要經濟活動；然而，中
國的經濟體系並未趨向美國所勾勒的自由市場資本主義藍圖。
在中國融入全球市場三十年後，國家依然透過國有企業掌控
經濟。私有產權尚未完全確立，國家仍是一切土地的最終所
有權人，而私人資本家只不過是暫時擁有土地的使用權（Hung
2020b）。

　　中國的出口爆發推動中國私營部門的興起，本地和外國的
中小型私營企業主導中國的出口部門。然而，中國政府並未放
棄國有企業在關鍵領域的主導權，包括金融、電信、能源、鋼
鐵、汽車等。即使許多國有企業的巨頭按照美國公司的形象重
組，幾乎擺脫一切的社會功能，像是為員工提供住房和醫療，
但地方或中央政府仍掌控諸多龍頭公司，有的是直接經營，有

的上市公司則以「政治性國家持股」進行控制（Wang 2015）。全球財富500大名單上的中國企業從2000年的10家增加到2020年的124家，其中91家是國有企業（Kennedy 2020）。國有企業在關鍵領域的主導權可參見表3。

　　值得注意的是，許多大型企業名義上是私營，如華為和阿里巴巴，但他們仍與中共保持密切聯繫，公司內設有黨委，並與中國共產黨內的派系有所牽連。中國的國家資本主義不同於其他國家，中國共產黨在經濟體中的權力遠超過國有企業。因此，有些學者提出獨特的「黨國資本主義」概念來描述中國的政經體系（Pearson et al. 2020）。

　　國有企業能夠持續主導，基本上是因為出口部門蓬勃發展，這也是中國經濟的動能與獲利能力的來源。出口企業，無論是外資（如美國高科技公司的外包廠台資富士康〔鴻海〕）還是國內企業（如將其電信設備出口到海外的華為及小米），都從國家獲得各種出口補貼，如出口信貸和退稅等，因而提升它們的活力（Defever and Riaño 2013; Marino 2018）。中國的中央銀行長期以來都把人民幣與美元放在同一個籃子，在很長一段時間防止人民幣像出口增長那樣快速升值。這是否構成對出口部門的強力補貼也就演變為一場激烈的爭論，我將在3.3討論。

　　出口部門帶來的外匯存底為國有銀行的信貸擴張提供基礎，其中大部分都流向關係良好的國有企業或金融工具

表3 截至2018年國有/國家控股企業、私營企業和外國企業擁有的
工業資產總額：全國總量和主要行業

行業	總額 （千億元 人民幣）	國有企業 （千億元 人民幣）	私營企業 （千億元 人民幣）	外國企業 （千億元 人民幣）
全國總數	1134.4	439.9	239.3	224.4
採礦和洗煤	55.1	41.8	4.8	1.4
石油和天然氣的開採	19.3	18.5	0.02	0.8
黑色金屬礦的開採和加工	9.9	6.6	1.9	0.2
農產品加工食品	30.8	1.9	12.1	6.0
煙草製造	10.9	10.8	0.03	0.02
紡織品的製造	21.8	1.2	10.0	4.2
石油、煤炭和其他燃料的加工	31.5	15.3	6.7	3.1
化學原料和化學產品的製造	74.9	21.9	17.9	15.9
非金屬礦物產品的製造	48.5	9.0	18.7	5.9
黑色金屬的冶煉和壓製	61.1	32.3	13.0	5.7
有色金屬的冶煉和壓製	40.3	15.5	7.6	5.3
汽車的製造	79.2	36.6	11.3	30.4
鐵路、船舶、航空航太和其他運輸設備的製造	16.4	7.5	3.6	3.3
電子機械和儀器製造	69.0	9.2	19.1	14.0
電腦、通訊設備和其他電子設備製造	101.6	17.5	15.0	46.5
電力和熱力的生產和供應	147.5	128.1	5.6	7.7

來源：National Bureau of Statistics of China (n.d.).

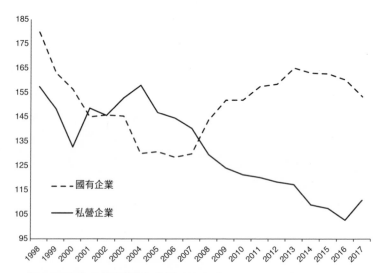

圖2　國有與私營企業的負債權益比（%）

來源：National Bureau of Statistics of China (n.d.).

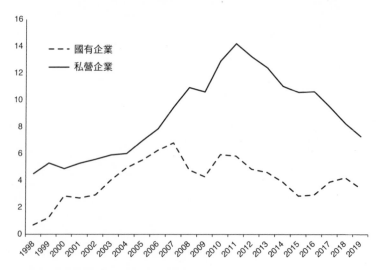

圖3　國有與私營企業的資產利潤比（%）

來源：National Bureau of Statistics of China (n.d.).

（financial vehicle），支撐它們毫無獲利的投資和增長（Rutkowski 2015）。圖2和圖3比較國有企業和私營企業的負債率和盈利能力。從這些圖可知，國有企業的負債率高出許多，而盈利能力卻低了不少。

不同產業的國有企業淪為中國共產黨內部各精英派系的勢力範圍（Foster 2010；Lombardi and Malkin 2017）。在1990年代和2000年代中國經濟起飛時期，精英家族各自割據國有部門，山頭之間達到權力平衡，穩定黨國的「集體領導」。

2008年全球金融危機期間，中國以出口導向帶動的經濟榮景開始動搖，中國政府對此的回應是採取侵略性的經濟刺激方案，憑藉舉債支持固定資產投資，促成強勁的經濟復甦。2009–10年經濟復甦期間，出口引擎疲軟，加上國有部門接受國有銀行資助、盲目從事投資，造成巨大的債務泡沫，使得外匯存底的增長跟不上擴張的腳步。從2008年至2017年底，中國未償債務從GDP的148%飆升至250%以上。2020年新冠肺炎大流行期間的貸款激增，將這一數據推至330%以上（Institute of International Finance 2020）。

債務驅動的經濟反彈造成產能和基礎設施閒置，無法獲利。圖2顯示，刺激方案後國有部門的負債激增，而圖3顯示2010年之後，私營和國有部門的資產利潤率持續下探。經濟放緩而且以人民幣計價的債券流動性激增，而外匯存底卻未有相應的擴張，也就帶來資本外逃的壓力，最終導致2015-16年間的股市崩盤和人民幣大跌；整體經濟到2016年收緊資本的控制後才穩定下來（MERICS 2019）。銀行體系經常向經濟體注入好幾輪的新貸款，防止經濟進一步趨緩。這些週期性且規模越來越大的貸款激增，使得負債不斷惡化。製造業採購經理人指數（PMI）是衡量製造業活動的主要指標，圖4顯示製造業擴張停滯，說明中國經濟的困境。自從2009至2010年的復甦逐漸停息，PMI一直徘徊在50的停滯線左右。對比新的貸款數據和PMI，我們可以看到貸款刺激的效果越來越小：在2009至2010年危機後，貸款的力度越來越大，但是反彈的力道卻是越來越小。中國整體的政治經濟已經是舉債成癮。

　　成長趨緩和債務惡化促使黨國精英加速搾取私營部門和與外資，當經濟快速增長告終，威脅黨國統治的正當性，黨國精英間的衝突也越演越烈。在這個背景下，2012年成為黨國最高領導人的習近平，推出了一連串集權的舉措，把「集體領導」的治理模式轉向專制統治（Choi et al. 2021; Shirk 2018）。這也就加快中共統治自2000年代初以來的長期制度性集權（Fewsmith and Nathan 2019; Liu et al. 2018）。集權過程的高峰是習在2018年3月成功廢除1982年憲法裡對國家主席兩個五年任期的限制，讓他實際上成為一名終身的獨裁者。在2008年全球金融危機前的胡錦濤時代，中國經濟就開始轉向國家主義，這在危機後經

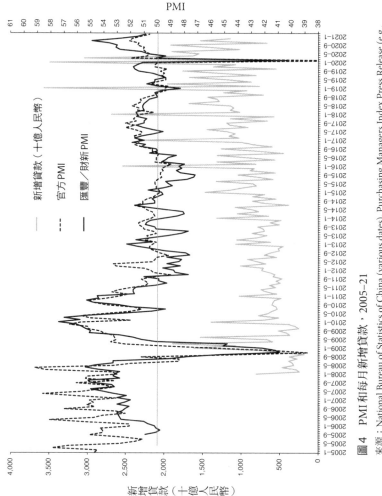

圖 4　PMI 和每月新增貸款，2005–21

來源：National Bureau of Statistics of China (various dates), Purchasing Managers Index Press Release (e.g., October 2021, https://bit.ly/3FBCi5j); Caixin(n.d.) (various dates)

濟趨緩時期的習近平時代更是加快步伐（Blumenthal 2020; Lardy 2019）。

習近平領導下的中國加快轉向國家主義，使得美國外交政策精英對中國的看法更為強硬（Campbell and Ratner 2018）。2008年全球金融危機之後，中國政府評估美國最終會走向衰弱，使得中國更勇於在一連串的地緣政治問題上與美國對抗（Blanchette 2021）。2010年代，當美國開始從中東戰爭中脫身，華府在歐巴馬「轉向亞洲」的政策下，把焦點轉為面對中國這個地緣政治上的對手。更重要的是，中國經濟加速轉向國家主義，犧牲的是美國公司在中國的利益，這項轉變對於美中政策對抗趨向白熱化至關重大。

我們在上一節看到看到中國政府承諾讓美國公司進入中國的龐大市場，誘使它們成為代理說客，影響美中政策偏向中國。這些公司積極倡議柯林頓的美中交往政策，把人權議題放在與中國無條件的自由貿易之後。美國公司也成為阻止幾場地緣政治事件升溫的要角，促成危機快速和解，如1996年的台海飛彈危機、1999年美國轟炸中國駐南斯拉夫大使館以及2001年美國偵察機與中國戰機在南海上空的擦撞。著名企業的執行長經常扮演美中領導人之間的信使，成為兩國之間非官方的外交官（Kranish 2018）。深具影響力的美國公司是「中美國」形成過程中的粘合劑、穩定劑及燃料。

對於其中許多企業來說——最著名的是蘋果公司、沃爾瑪和通用汽車——這些努力獲得回報,因為它們在中國的營收擴張,變成公司發展的關鍵動能。但在1990年代初,各家公司為確保中國產品以低關稅進入美國市場而大顯神通之後,不見得每家公司都對中國市場感到滿意。如我們在上一章所見,AT&T在1993-94年間帶頭倡議要把中國最惠國待遇與人權條件脫鉤。當時,AT&T對於自己能與中國政府簽署備忘錄感到興奮,也預期中國政府會開放電信市場投桃報李。但在實現脫鉤之後,儘管中國政府原本表現出要開放電信市場,但它還是堅決保護國內國有企業,如中國電信等巨頭,同時也在1998年加強規範,禁止外國電信公司利用法律漏洞購買本地供應商的股份(Johnson 2000)。截至2000年,AT&T在中國的業務僅限於在一家合資企業持有25%的股份,而且經營範圍也僅限於上海(Bolande 2001)。AT&T在中國的投資微乎其微,與它在1993-94年的預期相去甚遠。

AT&T並非特例。1993-94年遊說柯林頓政府脫鉤時也扮演關鍵角色的休斯航太公司起初受益於中國政府的提案,他們答應以歐洲或美國火箭的一半成本將休斯的商業衛星發射到地球軌道(Mintz 1998)。1995年,有一枚中國火箭在發射過程中爆炸,摧毀了休斯的衛星。中國發射方拒絕賠償,並要求休斯交出可以提高未來發射穩定度的技術數據。休斯公司聽命分享了數據。然而，美國政府以國家安全為由制裁相關技術和數據的轉移。這些技術和數據將有利於中國的飛彈計畫，據稱，中國將以此項計畫加強援助巴基斯坦和伊朗的飛彈計畫。美國政府隨後對休斯公司和其他涉案的美國公司展開調查。2003年，休斯和其他公司向美國政府支付了3200萬美元的和解金（Gerth and Sanger 1998; Mintz 1998; Pae 2003; Washington Post 1998）。

在1990年代和2000年代，美國公司在中國冒險遇到麻煩是例外而非常態，大多數迅速在中國立足的公司都得到龐大的收益。但AT&T和休斯公司遇到的挑戰──違反承諾限制進入市場，還有施壓轉讓敏感技術──是其他美國公司在中國際遇的前兆。在2009至2010年全球金融危機反彈後，有越來越多報導指出美國公司遭中國的競爭對手打壓，而且競爭對手往往獲得中國監管機構的助拳，以及國有銀行提供低利貸款的補貼。有越來越多公司抱怨中國政府或明或暗向美國企業施壓要求技術移轉給中國合資夥伴，然後這些夥伴再以更低的價格銷售類似的服務或產品，成為他們的競爭對手（Blustein 2019; Wei and Davis 2018）。2008年實施的反壟斷法和2016年通過的網路安全法越來越常且不成比例的被用來對抗外國公司，妨礙美國公司進入中國市場、危害其智慧財產權和敏感的客戶數據（Maranto 2020; Yang and Burkitt 2014）。

中國美國商會每年針對會員調查並評估中國對美商的經營

環境。自2010年以來，越來越多美國企業感受到自己在中國越來越不受歡迎；2018年只有20%的企業說他們覺得「比以前更受歡迎」。美國企業表示他們在中國面臨的挑戰中，政府的差別待遇是一項陳年老病。相較於中國的競爭對手，美國企業最常提到的不公平待遇是市場准入及政府法規的執行（Amcham China 2018, 2019）。在2018年的調查，中國的美商有半數表示擔心智慧財產權保護不足會限制他們在中國的投資，相較之下，只有20%至30%的公司表示完全無此顧慮（Amcham China 2019: 62）。

在商業環境不斷惡化的情況下，選擇不擴張或在過去一年中擴張不到一成的美國公司，從2009年的58%上升到2019年的73%。相反地，過去一年中擴張超過20%的美國公司，在同一時期則是從33%下降到13%。已經轉移或考慮將產能轉移到中國以外的美國公司，在2013年調查首次問到此問題時是11%，在2016年則是躍升到25%，此後一直維持在20%左右（Amcham China, various years）。

美中貿易全國委員會是1990年代推動美中經濟快速深度整合扮演要角的遊說團體，委員會根據2017年的會員調查發表了一份報告，顯示對中國有同樣的不滿。接受調查的企業中，有48%表示商業環境相較於三年前更不樂觀，有57%的企業抱怨中國政府並未兌現他們改革的承諾還有改善商業環境。這些公司抱怨中國政府偏袒內資（91%），對於難以在中國境內保護智慧財產權的情況表示擔憂（94%）；有19%的企業說政府曾直接要求他們把技術移轉給中國公司（Inside US Trade 2017）。

美國企業對中國的熱情減退，體現在最大企業普遍減少提及中國。我建了一個資料庫，使用財富500大企業中排名前10的公司向美國證券交易委員會提交的財報（10-K）中提及「中國」的次數，說明公司在中國的銷售或投資接觸。

如圖5所示，排名前10的公司提到中國的次數從2014年左右開始急遽下降，在此之前增加速度很快。例如，通用汽車公司在報告中提到中國的次數，從2000年到2004年一直維持在個位數，然後在2005年增加到十幾次，然後穩定成長到2014年的六十到七十次，並維持在這個數字左右。前10大的公司很少接觸中國的企業也明顯增多，取代那些大量接觸中國的公司，這方面的例子有聯合健康集團和西維斯健康公司之類的醫療和健康保險公司。這兩個趨勢加在一塊導致前10大企業提到與中國接觸的次數下降。如果我們把名單擴大到前30大，也會看到美國公司接觸中國的次數大約在2010年左右開始原地踏步。這些資料都表明，當美國最大公司在中國加入世貿前十年快速擴張，中國一直是賺錢的前線，但這股擴張力量在2010年之後根本就停止甚至出現了逆轉。

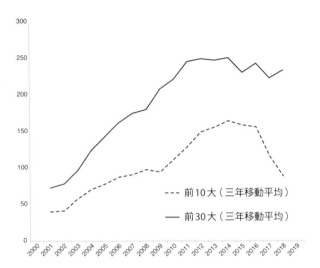

圖5　美國財富500大企業前10名和前30名在年報中
　　　提及中國的次數，2000–19

來源：SEC 10-K filings of various companies.

3.2 美國公司控告中國企業

　　正當美國企業在中國市場面臨的壓力與日俱增，造成企業在中國的擴張普遍受到打壓，有些美國公司也陷入與中國合作夥伴及競爭對手的糾紛之中，或是指控受到中國政府不公平的對待，越來越多公司訴諸法律行動設法解決這個問題。美國公司損失智慧財產權一直是他們控告中國企業的主要原因，侵害其智慧財產權的包括有中國合作夥伴、競爭對手或中國政府。

　　中國政府國家主義經濟政策的核心目標是要犧牲美國，實現中國技術升級的飛躍，這份豪情壯志充分展現在2015年提出的「中國製造2025」（Zenglein and Holzmann 2019）。儘管過去十年中國註冊的專利數量快速增加（WIPO 2020），但更細緻的分析顯示，從商業角度來看，其中許多專利根本毫無價值。事實上，有超過90%中國註冊的專利在五年後並未延續（Chen 2018：另見 Hu et al. 2017）。儘管政府投入了大量資源掌握大量專利，但這種欠缺商業可行性的創新，說明中國的自主創新進步有限，尤其是主導的國有部門被打上創新「紙老虎」的標籤（Fuller 2016: chs.3 and 4）。智慧財產權缺乏保護，使中國難以產生本土創新（Appelbaum et al. 2018）。中國國家主導的創新無法開展，顯現中國缺乏技術自給自足的能力。當中國製造的產品從技術台階往上爬，中國對外國技術的依賴也隨之增加。圖6智慧財產權的國際收支（balance of payment）顯示，中國在很大程度上仍然是一個智慧財產權逆差的國家，也就意味著中國支付給外國的專利和版權費用遠大於外國企業支付給中國的專利和版權費用。而且，兩者之間的逆差還一直在擴大。

　　由於本土創新體系的侷限，黨國實現技術自主的辦法是佔有外國公司的技術，行為往往充滿爭議、有時候更是非法，包括明目張膽的經濟間諜活動。這樣做的結果就是美國公司針對中國企業智慧財產權的訴訟數量不斷增加，這些訴訟往往涉及

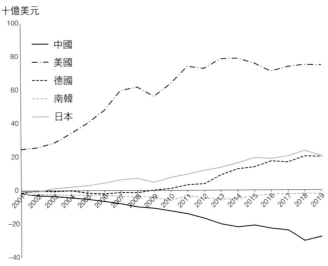

圖6　部分國家的智慧財產權收支情況，2001–19
來源：World Bank a (n.d.).

美國一些最重要的公司，例如，杜邦化學就首當其衝。杜邦在
2004年與一家中國公司成立合資企業，共同利用杜邦的新技
術把玉米變成紡織原料（Forbes 2005）。2006年，它把技術授權
給中國張家港市美景榮化學工業有限公司；但從2013年左右，
杜邦懷疑其合作夥伴正使用這項技術，以更低的價格生產同樣
產品。當杜邦開始採取法律行動對抗中國的合作夥伴，卻收到
中國政府的警告，施壓要它撤銷提告。2017年12月，中國反
壟斷調查員出現在杜邦上海辦公室，「要求公司交出全世界研
發中心的網路密碼……。調查人員列印檔案、扣押電腦，並恐

嚇員工，甚至在一些員工上廁所時也要求陪同」（Davis and Wei 2020a: 250）。由於公司擔心在中國的前途，杜邦最終撤回此案。

早在1990年代中就遷往中國的另一家龍頭公司摩托羅拉也有類似經歷。2010年，摩托羅拉控告華為竊取其無線網路技術。中國商務部藉由啟動反壟斷調查，向摩托羅拉施壓。最終，摩托羅拉放棄提告，並在2011年將底下的無線業務出售給中國的聯想集團（Davis and Wei 2020a: 121）。

由於中國法院一直受黨國控制，而美國企業可能認為法院將偏袒中國的被告，因此許多是在美國法院對在美國有業務的中國企業提起告訴。例如，美國超導公司這家位於美國麻州的高科技公司，主要為風力發電機生產必要的高科技零組件與驅動軟體，不僅是綠色科技領域的明日之星，也受到歐巴馬總統的公開讚揚。當美國超導其中一家客戶，也就是與中國總理溫家寶家族有關的國有風力發電機廠華銳風電，開始獲得國家的大力支持，擴大中國與國際市場的風力發電機生產，美國超導的業務也快速擴張。華銳風電的訂單佔美國超導四分之三的業務量。然而，2011年，華銳風電無緣無故就拒絕接受美國超導的貨物與付款。美國超導失去最大客戶，股票價格一夕暴跌，公司幾乎面臨破產。經過長時間的調查後，美國超導發現華銳風電買通公司歐洲辦公室的一名員工下載產品原始碼。奧地利法院認定這名員工有罪並判處徒刑。美國超導隨後在美國法院控告華銳風電，求償經濟損失。2018年，法院認定華銳風電觸犯竊取商業機密罪，責命華銳支付超過5900萬美元的賠償金。

在一次媒體受訪，美國超導執行長對於法律上的勝訴不足以彌補超導的損失表示憤慨（Department of Justice 2018; Zarroli 2018）。美國超導的執行長在切斷一切中國業務往來後，坦然說出美國企業在中國面臨的風險：

> 規則那樣訂就是為了讓當地品牌贏得勝利。……只有中資可以加入中國市場。一家西方公司想要加入中國市場，至少到目前為止，是一座海市蜃樓。他們是為了把你帶進來，想盡辦法從你身上搜刮任何東西，在當你不再有利用價值時就把你踢開（引自Zarroli 2018）。

並非每一家美國企業在美國法院控告中資都能像超導那樣有好的結果。大多數牽涉其中的美國企業在中國都有業務，被告的中資企業也可以在中國法院提起反控告施以報復。其中一個個案就是威科儀器，這家公司生產用於製造LED晶片的先進設備，同時供應中國蓬勃發展的晶片產業。大約在2012年，威科發現主要的中國競爭對手，上海的中微半導體公司取得威科的技術，並生產價格遠低於威科的產品，使得威科在美國法院控告中微。2017年，法院裁定威科儀器勝訴，並禁止中微半導體從美國購買用於生產設備的的關鍵零組件。為了反擊威科，中微在威科儀器公司的生產基地福建，向中國法院控告威科的專利侵權行為。中國法院同意中微的意見，甚至未通知威科儀器出席聽證。美國法院判決威科儀器公司勝訴一個月後，福建法院也做出有利於中微半導體的判決，並禁止威科儀器在中國銷售生產設備。威科被趕出中國市場將會是一場財務災難，因此最終與中微半導體在法庭之外私下和解（Davis and Wei 2020a: 262）。

中微半導體公司和威科儀器的訴訟絕非特例。圖7顯示，

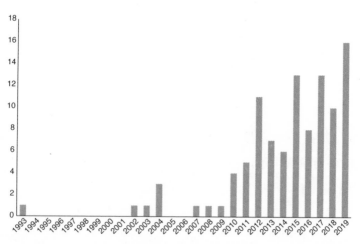

圖7　美國公司在美國法院就智慧財產權問題控告中國實體的次數，1993–2019
來源：LexisNexis (n.d.).

美國公司在美國法院針對智慧財產權爭議控告中國企業的總次數，在二十一世紀初穩定增加，然後在2009年全球金融危機以及隨後的中國經濟刺激方案後暴增。

這些個案大多遵循一套標準模式。牽扯其中的美國企業，無論在中國有沒有業務，先是員工遭到賄賂或操控，竊取了重要的商業秘密，並把機密交給中國競爭對手，接著中國企業就以更低的價格銷售類似的產品，然後在中國和世界各地搶奪原公司的市佔率。盜用商業機密的員工與取得技術的中國競爭對手之間的關係，則是視個案而不同。有時候員工取得商業機密後，會與受害公司的中國競爭對手聯繫，並開出購買商業機密的價碼。[1]有時候員工會在中國成立新公司，生產同樣的產品，並刻意接近受害公司的客戶，提供更便宜的替代產品。[2]還有一些情況是竊取商業機密的員工是中國公司甚至中國政府故意派來的間諜，目標是特定公司擁有的特定技術。其中一個案例是負責盜用商業機密的美國公司員工，是被中國國務院高層收買，目標是獲取杜邦手上的一項關鍵技術。這名員工在北京的「指示」下做了十多年。最後，聯邦調查局介入，2014年被起

1　請見：Magnesita Refractories Co. v. Tianjin New Century Refratories Co., 2019 US Dist. LEXIS 32559. https://tinyurl.com/56t6p8ns.

2　請見：Austar Int'l. Ltd. v. Austarpharma LLC, 425 F. Supp. 3d 336. https://tinyurl.com/mpsh4964.

訴的員工因經濟間諜罪遭判處十五年徒刑。[3]

　　智慧財產遭到盜用的受害公司，並非每一家都選擇走上法院。有時候，美國公司意識到中國市場的規模，不希望與中國政府對抗，因此面對智財權遭侵犯的情況選擇摸摸鼻子調整策略而不是直接對抗。例如，重型農業機具和工業設備製造商威猛公司，自1990年代以來一直向中國出口電動鑽孔機和其他重型機械。2000年，威猛發現徐州當地國有企業徐工集團以更低的價格銷售山寨機器。威猛公司選擇按兵不動，並學著快速創新，盡可能領先中國的山寨機。它還調整策略，不在中國市場上銷售最先進的機器，只賣中國更簡單、成本更低的機器。根據報導，徐工集團以及三一重工和中聯重科等其他中國重型機械製造商，一直在銷售與其他公司神似的產品，不只威猛公司，還有其他重要的工程和採礦設備商，如開拓重工及德國利勃等公司（Hook 2013; Mining 2020）。這些製造商許多未採取法律行動，似乎是為了依賴他們在中國持續得到的善意。

　　有些美國公司藉著收購中國的競爭對手，應付跟中國公司越演越烈且有不公平之虞的競爭。然而，中國政府經常介入阻止收購。黨國的目標是滋養一批國有龍頭企業戰勝外資，而

3　請見：United States v. Liew. 856 F. 3d 585. https://tinyurl.com/ynu6998m; "Walter Liew Sentenced to Fifteen Years in Prison for Economic Espionage. " US Department of Justice. July 11, 2014. https://tinyurl.com/mr2ymjcy.

不是讓它們落入外國公司之手。例如，2005年美國的凱雷集團想要收購徐工集團的事驚動北京，為了防止外國公司壟斷工程機械製造，中國政府插手干預，另外找個買家取代凱雷集團的報價。最終，徐工集團變成中央政府控制的國有企業（Davis and Wei 2020a: 411-13）。

黨國為了抄捷徑追求技術升級，不僅讓個人執行經濟間諜活動，也以政府之力脅迫外資。自2010年以來，指控中國政府強迫美國公司把商業機密交給中國競爭對手換取持續進入中國市場的案件激增（Inside US Trade 2012）。中國政府公開施壓，逼得美國公司不再靠法律途徑單打獨鬥，而是聯合起來採取公司的集體行動影響美國政府，要求美方向中國政府施壓，改善整體的商業環境。

3.3 從中國政府的「代理說客」到「反華企業起義」

我在上一節指出，1990年代初有關中美自由貿易的辯論中，有組織勞工和起初不願意外移的製造商組成一個聯盟，反對無條件延長中國的最惠國待遇。最終，反對聯盟輸給受中國政府承諾所吸引等有錢有勢的公司所組的聯盟。反華貿易聯盟在1994年失敗後失去動能，因為工會在美國政治中加速失勢，而且一開始不願意外移的工廠最終還是外移到中國。隨著中國於2001年入世，美國經濟所受的「中國衝擊」極為震撼。1999年至2001年期間，中國進口的產品湧入，導致美國失去二百多萬個製造業工作機會（Acemoglu et al. 2016; Autor et al. 2016; Scott and Mokhiber 2018），結果2000年代反華貿易聯盟再度奮起。

中國入世不出五年，有個遊說聯盟出現，主張把中國認定為匯率操縱國。1988年的一條法案，使得美國能夠將貿易夥伴認定為匯率操縱國。一國貨幣對美元的價值，應該隨該國對美國的出口增加而上升。假如一個國家的央行出手干預阻止本國貨幣升值，這樣的貨幣將使出口部門更有價格競爭力。中央銀行的貨幣干預被認為是提供出口部門非市場性、不公平的補貼，犧牲美國製造部門的市佔率和工作機會。因此，美國法律允許政府採取補救措施，例如對操縱匯率國課徵額外的進口稅，或利用政府採購規則避免這類進口。新反華貿易聯盟的目的是遊說國會和白宮將中國認定為匯率操縱國，並針對中國進口商品湧入的情況採取補救措施（Blustein 2019: ch. 5）。

新反華貿易聯盟的支柱是有組織勞工。始終無力將生產外移到中國的美國製造商，看到自己國內市場遭到中國進口產品蠶食鯨吞，也加入這個聯盟，成為另一股強大的力量。其中大部分來自鋼鐵業，但也包括石化產品和精密設備製造商。由許多組織參與（或組成）的傘狀組織就此問題遊說華府，包括中國貨幣聯盟、美國製造業聯盟、美國鋼鐵協會、繁榮美國聯盟、

支持美國貿易法委員會、公平貨幣聯盟。[4]隨著製造業在2000
年代因對華貿易而損失更多工作機會，聯盟在華府的影響力也
更為明顯。來自受創嚴重地區的國會議員是這個聯盟的重要成
員，例如來自中西部鐵鏽帶的議員組成「國會鋼鐵核心小組」。
這些選區也成為總統選舉的關鍵戰場。

　　在聯盟的努力下，指控中國操縱貨幣一事在華府政治議
程中越演越烈，但卻都差臨門一腳，無法讓美國政府裁定中
國是匯率操縱國並採行聯盟要求的補救──除了2019年8月
至2020年1月川普執政時短暫裁定過。失敗的其中一項原因是
美國一些企業組成與之旗鼓相當的聯盟，展開與他們反方向的
遊說；這些企業從製造業外包到中國得到好處，也就樂見中國
貨幣貶值。沃爾瑪超市、伊士曼柯達、開拓重工、美國鞋業經
銷商和零售商協會、全美零售聯合會、美國電子協會、美中貿
易全國委員會以及一些華爾街的銀行都是強大的反遊說者。[5]他
們指出人民幣自2005年以來有規律地升值，但反華貿易聯盟
認為這些升值微不足道且緩不濟急（Inside US Trade 2015a, 2015b,
2015c）。

　　美國企業對於中國操縱匯率以及中國進口品的關稅問題
在2000年代一直存有分歧。進入2010年代，美國企業對於中

4　例如，見 Inside US Trade（2010）。
5　我根據美國國會遊說揭露資料所建立的資料庫。

國的智慧財產權和市場准入等問題，更普遍來說是觀望甚至敵視。只不過，遊說指稱中國涉嫌貨幣操縱是由不能外包到中國的廠商所發起，卻遭到在中國有大量業務的公司所抵制，但是涉及智慧財產權保護與市場准入的遊說，則是從在中國有重大影響力的美國公司率先發難。

由於擔心遭中國政府報復，許多公司並未公開批評中國政府的技術移轉和市場准入政策。反之，他們暗中把令人不安的資訊提供給美國政府，並遊說華府為他們採取行動（Davis and Wei 2020a: 122）。然而，有些公司則選擇公開行動。例如，加州的記憶體晶片製造商美光科技在當地控告中國競爭對手晉華集成電路，指控該公司策劃竊取美光的技術。晉華在中國政府的支持下在中國法院反告美光並勝訴後，美光公司憑藉其政治人脈說服美國商務部，認定晉華盜取技術威脅到美國國家安全。2018年美國商務部決定將晉華列入黑名單，禁止該公司取得美國的技術和零組件，等於打垮這家公司（Davis and Wei 2020a: 265）。

除了技術移轉，限制市場准入則是美國公司試圖向華府施壓並尋求援助的另一個大問題。早在2004年，有些美國公司就開始抱怨，中國政府加入世貿後未能履行承諾開放中國市場。儘管小布希和歐巴馬政府通過閉門磋商和世貿的訴訟給中國帶來些許壓力，但許多偏袒本土企業與外資競爭的做法和規定在2010年後繼續惡化，像是反壟斷法針對外資的調查和執法不公（US–China Business Council 2014）。

2011年1月19日，當中國國家主席胡錦濤訪美的國是訪問結束後，歐巴馬在白宮與胡錦濤舉行聯合記者會，首次公開提及中國政府對美國企業的歧視問題，儘管言語含蓄帶有外交禮節：

> 我也向胡主席強調，美國參與中國競爭的公司必須有個公平的環境，貿易必須公平。因此，我樂見他承諾美國公司競爭中國政府採購合約時不會受到歧視。我感謝他願意採取新的措施來打擊盜竊智慧財產權的行為（引自Reuters 2011）。

除了向白宮施壓，美國企業還積極向國會進行遊說，敦促國會針對中國限制市場准入與侵犯智慧財產權有所作為。如圖8所示，美國企業對這兩個問題的遊說於2004年後穩定上升，並於2010年達到高峰，此後就一直維持在高點。

雖然圍繞在匯率操縱國的遊說顯示美國企業間的分歧，但有關中國市場准入和智慧財產權的遊說活動則展現美國不同產業間公司的共識。2019年是遊說的高峰，當年就這些問題加入遊說國會的企業和組織清單，清楚顯示涉及範圍之廣，包括

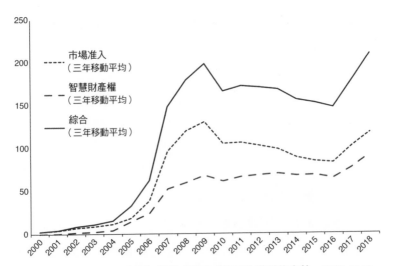

圖8　美國企業涉及中國智慧財產權和市場准入遊說的次數，1999–2019
來源：Secretary of Senate (n.d.).

甲骨文、IBM、Google、通用汽車、禮來、國家雞肉委員會、
花花公子、摩根史坦利、美國鋼鐵工人聯合會和產權保守派聯
盟。

　　歸根究底，市場准入、智慧財產權、甚至匯率操縱等問
題環環相扣，可視為中國政府對美國和其他外國公司表現出
來的普遍敵意。早在2010年1月，美國19個商業遊說團體，
包括美國商業圓桌會議、全國製造商協會和美國商會，就寫信
向白宮陳情：「中國刻意提出政策，犧牲美國公司的利益與美
方的智慧財產權，扶植中國的企業」，這「直接威脅到美國公

司」，因此要求華府採取更有力的行動對抗中國（引自 Meredith 2010）。2017 年，美國商會與中國美國商會公布《行動藍圖：解決美中商業關係迫切問題》（*A Blueprint for Action: Addressing Priority Issues of Concern in U.S.–China Commercial Relations*）。這是向美國新政府提出要求的清單，說明白宮要做哪些事才能迫使北京改善美國企業在中國的商業環境。藍圖的前言簡單概括美國公司普遍的不滿。

> 過去幾年，中國的商業環境對美國和其他外資越來越不友善。這種趨勢不僅影響在中國經營的公司……也影響到對中國的出口以及在第三國與中資競爭的企業……基本上，我們未來與中國的貿易和投資策略必須強調應該在中國建立競爭性市場，而不僅僅是保護我們的市場不受鋼鐵和其他商品補貼的影響。……中國產業政策扭曲，已經對美國與全球經濟造成具體且越來越大的傷害，如果中國在電動汽車、航空和半導體等關鍵產業的國內市場有效排除外資的競爭，結果將更具破壞性。（US Chamber of Commerce and American Chamber of Commerce China 2017: 3）

除了遊說把中國劃為匯率操縱國之外，包括美國勞工聯合會和產業工會聯合會（AFL-CIO）與美國鋼鐵工人聯合會在內的主要勞工組織，也積極遊說要反擊中國的市場准入及技術轉移政策，聲稱「中國政府不能違反補貼、投資、勞權和貿易政策等方面的國際規範——犧牲美國工人和廠家」（AFL-CIO 2010）。

值得注意的是，有一些曾為中國利益遊說的企業，轉而為對抗中國的立法進行遊說。其中一個著名的例子就是開拓重工，這家公司1990年代剛開始在中國站穩腳跟，可說是針對中國最惠國待遇做遊說的主要公司之一。二十一世紀初，開拓重工主宰中國的工程機械市場。然而，在2009至2010年金融刺激政策的支持下，中國工程機械製造商積極擴張，內資的市佔率從2009年的26%飆升至2019年的62%，吃掉開拓重工、歐洲和日本機械製造商的市場（東興證券2019: 8）。2010年之前，開拓重工曾經公開遊說反對國會立法指控中國操縱匯率，也反對讓美國對中國出口產品徵收報復性關稅的法案。2010年之後，這家公司立場翻轉。人民幣升值對公司有利，能夠拉抬它對中國的出口，同時阻止中國競爭者利用和開拓重工「高度類似」的一系列產品進入美國及其他國家的市場（Hook 2013）。開拓重工一位遊說者指出，「讓中國改變貨幣政策是一件大事，美國從政府到企業都在遊說中國修正他們眼中會影響貿易的嚴重不平等問題。」（引自Wagreich 2013: 150）。

「反華企業起義」（Wagreich 2013）使得歐巴馬政府盡心盡力推動跨太平洋夥伴關係協定（TPP）。TPP是要建立一個自由貿

易區，將美國與大多數亞太國家納入，但排除中國。TPP強調
保護智慧財產權，保證市場准入，並限制國有企業與私營企業
競爭，這些都是美國企業在中國抱怨最多的問題。TPP如果實
現，有望迫使中國改善智慧財產權的保護和市場准入，並減少
中國政府對國有企業的扶持——這些是中國加入TPP的條件。
這場「反華企業起義」也支持川普對中國貿易採取更為強硬的
立場，並且強調這種強硬立場要延續到拜登政府，甚至是變得
更為強硬（Davis and Wei 2020b; Leary and Davis 2021）。

3.4 商業遊說和地緣政治轉向

在「中美國」的高峰期，真正且預期從中國市場獲得利益
的美國公司一直是中國的「代理說客」。他們不僅為帶給中國
好處的政策遊說（例如，賦予中國永久正常貿易關係的地位），
也還遊說反對一切損害中國利益的政策。如一位在華府一家最
炙手可熱的遊說公司工作的資深說客說：「企業界一直以來都
是維持美中關係良好的尖兵」（轉引自 Wagreich 2013: 151）。

隨著美國企業不再熱衷於遊說促進中國的利益，華府反對
向中國採取鷹派立場的關鍵力量也就逐漸消失。如此一來，便
釋放出在國家安全領域鼓吹對中國強硬、卻一直受親中公司遊
說所牽制的政治力量。美國軍事—情報—外交機構中在地緣政

治上的鷹派，一直警告中國會威脅到美國的網路安全及亞太地區的主導地位。但是在中美國關係友好的高峰期，每一任政府都因為害怕破壞美中的經濟合作，因此保持相當謹慎的態度，並不採取嚴肅行動阻止中國在軍事及地緣政治上的進逼。

2010年後，鷹派地緣政治觀點在決策過程中的影響力變大。其中一個結果就是歐巴馬於2011年啟動「轉向亞洲政策」，目標是重新調派更多的海軍力量到太平洋地區，反制中國不斷增加的海軍（Lieberthal 2011）。2013年，美國海軍開始在南海定期展開「自由航行行動」，由軍艦穿越對全球航運極為重要卻被中國宣稱擁有主權的海域。美國和中國海軍之間的對峙和對抗成為新常態。

一旦國家安全議題的鷹派不受制約並主導決策，華府採取的政策也就越來越出於跟中國地緣競爭的急迫性，即使這可能會損害美國特定公司的利益。最突出的例子之一就是美國對中國民營科技巨頭華為政策的轉變，據說華為與中國軍方及安全部門關係匪淺。當華為在全球價值鏈一躍成為高科技電信領域的全球競爭者時，它與美國的科技公司建立起互惠互利的關係。華為是消費電信設備和電信基礎設施系統的製造商，也就必須依賴美國公司或是與美國關係密切的國家（如台灣、韓國）所生產的高階晶片或先進零組件，它們的產品都仰仗美國授權的技術。此外，華為與美國主導的高科技供應鏈緊密結合，在全球崢嶸，並未與大多數美國公司競爭，而是成為美國科技公司的主要客戶（Matsumoto and Watanabe 2020; Pham 2019）。

當國家安全官員和國會開始質疑華為與中國軍方的關係，也對它在美國和美國盟友建立的電信系統的網路安全存有疑慮，華府起初低估相關憂慮。事實上，美國政府還繼續支持華為在境內的擴張。小布希政府支持華為進入美國市場——它試著削弱美國外國投資委員會對華為的審查權，促成華為與一家美國公司合併（Homeland Security News Wire 2007）。2010年，小布希政府卸任的國家安全官員加入華為，為華為進入美國市場的業務成長獻策（Kirchgaessner 2010）。美中科技合作一直持續到歐巴馬執政初期才出現急轉。

2012年，白宮和眾議院的代表審查華為帶來的資安疑慮，導致華府在2013年禁止美國政府機構向華為採購（Menn 2012; Schmidt et al. 2012）。2014年，美國國家安全局對華為展開調查，引起中國政府強烈反彈（Gokey 2014）。因此，2010年代初期事態發生轉變，華府從支持與華為合作轉為阻斷與華為合作。情況後來演變成美國向盟友施壓，禁止使用華為的電信設備，並禁止世界各地出口美國製造的電腦晶片或帶有美國技術的電腦晶片給華為。這一項抵制華為的激進政策由川普政府制訂，並在國會獲得民主與共和兩黨的支持。2019年，美中貿易對談即將拉開序幕，川普政府預期北京會讓步，因而試著放寬販賣設備與零組件給華為的禁令，但這立即引來國會兩黨的反擊（Miller 2019）。制定這項侵略性的政策純粹是基於國家安全；許多美國高科技公司販賣設備、零組件與技術給華為，助其在全球攻城掠地，該項政策損害了他們的利益，卻依然可以在美國推動並且堅持下來，顯示美中關係的結構性條件已發生改變。

美國企業對於美中友好的支持減弱，對於將中國視為敵人的外交政策精英也不再努力限制，此時民眾對全球化的反彈、尤其是對中國貿易的反彈，也達到前所未有的高點。自從新自由主義全球化和中美自由貿易開放以來，有組織勞工及其政治上的代表一直堅決抵抗這些發展。美國在經歷大規模的製造業外移與失業之後，正如1990年代初期全球化的批評者所預測，走下坡的工人成為一個強大票倉，促使反對貿易的政治人物──從左派的桑德斯到右派的川普──在2016年的總統大選中脫穎而出。

川普和桑德斯都認為與中國的自由貿易不應該不受約束。川普當選總統之後，啟動對中國的貿易戰，提高關稅對抗中國各式各樣的產品。對於中國抱持觀望甚至敵視的態度成為華府的主流，甚至連拜登新政府也誓言不會撤銷川普對中國的關稅，繼續採取對抗中國的政策。

4 勢力範圍

Spheres of Influence

4.1 中國崛起成為資本輸出國

正如我們在上一節所見，中國因應 2008 年全球金融危機而推出刺激方案，成功帶動中國經濟在 2009 至 2010 年的反彈。然而，刺激方案也造成中國企業負債增加、產能過剩以及利潤下滑等過度積累的危機。受到這些問題的衝擊，2010 年後經濟增長放緩，使得中國政府加強控制經濟，並且進一步打壓私營和外資企業。如圖 9 所示，補救國內經濟環境日益嚴峻的另一個措施是透過對外直接投資和放貸讓資本輸出激增。

儘管對外直接投資的數額遠遠超過對外放貸，但中國有 70% 以上的對外直接投資（無論是存量還是流量）都流向香港和加勒比海避稅天堂等離岸金融中心，而且主要都是投資於控股公司和房地產，顯示大多數都是資本外逃（Hung 2020c）。但是在非洲，中國對外直接投資數據不因資本外逃而失真，放貸一直大於對外投資是資本輸出的主要形式（見圖 10）。根據非

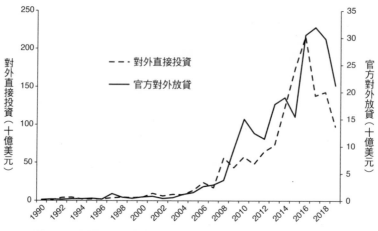

圖9 中國對外放貸和直接投資年度支出狀況，1990–2019
來源：World Bank a (n.d.).

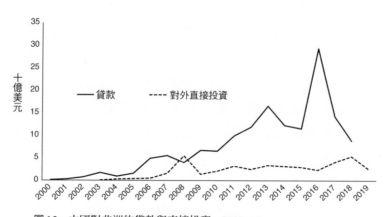

圖10 中國對非洲的貸款與直接投資，2000–19
來源：Ministry of Commerce, People's Republic of China (2010, 2015, 2019); JHU CARI (n.d.).

洲的數據我們可以預測，扣除資本外逃，中國的對外援助（主要是由中國官方金融機構提供貸款）已成為中國對發展中國家資本輸出的主要形式。從整體上來說，中國的對外貸款已經可以與美國和世界銀行的直接放貸旗鼓相當（Horn et al. 2019: figures 4 and 5）。

2000年代全球商品繁榮時期，中國大量向其他發展中國家放款，使中國得以掌控這些國家的原物料（Brautigam 2011）。許多貸款是放到能源或原材料出口國，雙方約定以相當數量的商品償還。其中最有名的例子是中國在2007年至2014年間向委內瑞拉提供630億美元的貸款，然後同意以石油償還（Balding 2017）。2010年後，中國以更多貸款資助當地的基礎設施，於是日後中國得以出口基礎設施的過剩產能（Lyons 2021）。從2013年開始，許多資本輸出都藏在「一帶一路」的保護傘下。中國所資助的「一帶一路」計畫之中，89%的承包商是使用中國材料的中國公司，7.6%是當地公司，3.4%是其他外國公司。相比之下，世界銀行和亞洲開發銀行等傳統多邊機構資助的計畫中，29%的承包商是中國公司、40.8%是本地公司，30.2%是外國公司（Hillman 2018）。

中國大量向發展中國家輸出資本，為那些陷入產能過剩的中國企業創造新的需求。比方說，根據中國海關數據，中國鋼鐵出口從2001年到2015年最高峰共增長二十餘倍。許多鋼鐵

廠在2009年、2010年之間因刺激方案積極擴張，此後就一直
受產能過剩和沉重的債務所累，而海外銷售為這些鋼鐵廠找到
生機。另一個受產能過剩之苦的行業是建築機械廠，許多工廠
的產能與收益在2009至2010年的刺激政策下激增。但是，如
圖11所示，中國三大建築機械廠的年營收變化從2009至2010
年的強勁增長高峰驟然下降，然後就開始萎縮，因為刺激措施
所帶來的經濟反彈逐漸減弱，一直到2013年一帶一路倡議開
始後才重新增長。這些公司的年度報告表明，與停滯不前的國
內市場相比，中國貸款資助的「一帶一路」所帶來的海外訂單，
對公司營收增長極為重要（例如，徐工集團2019；SANY n.d.）。

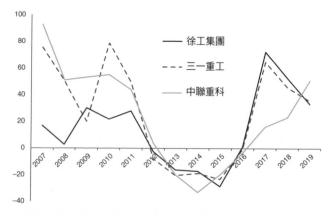

圖11　中國三大建築機械廠的營收增長情況，2007–19
來源：公司財務報告：徐工集團（http://data.eastmoney.com/bbsj/yjbb/000425.html）；
三一重工（https://data.eastmoney.com/bbsj/yjbb/600031.html）；
中聯重科（http://data.eastmoney.com/bbsj/yjbb/000157.html）。

　　如上一節所示，黨國資本主義越來越保護本國企業，犧牲美國和其他外國公司在中國國內市場的利益。中國在「一帶一路」下的資本輸出為中資打開一片天，在這個勢力範圍內，中國產品和企業相較於當地企業和其他外國企業有更多市場准入特權。我們在上一節看到美國企業在諸如建築機械的中國市場佔有率，已被國家支持的中國競爭對手蠶食鯨吞。中國在發展中國家越來越有份量，也意味著美國企業會失去發展中國家的市場。近十年來，中國建築機械製造的全球市佔率迅速攀升，超越美國公司的市場佔有率。2020 年，中國的三一重工首次取代開拓重工，成為全球最大的挖土機銷售商。世界十大工程機械製造商之中（截至 2020 年），美國企業（開拓重工和強鹿公司）的市佔率合計為 17.7%，而中國公司（三一重工、中聯重科和徐工集團）的市佔率合計為 20.3%（中國日報 2021；KHL 2021）。因此，美國公司採取行動遊說華府，制訂政策提高美國企業與中國在發展中國家的競爭力，也就不足為奇。開拓重工在 2011 年遊說歐巴馬政府與哥倫比亞簽署自由貿易協定，直言此協定將有利於美國企業在哥倫比亞把中國競爭對手「拋在腦後」（Inside US Trade 2011）。

　　美國商會及中國美國商會向川普政府提交 2017 年行動計畫，清楚抗議中國企業正利用從美國公司獲得的優勢——例如通過技術移轉——在第三國市場與美國企業一爭高下。2021

年，美國外交關係協會由學者和美國企業代表組成的「一帶一路」小組得出結論：「一帶一路為中國公司創造出不公平的優勢，使美國和其他外國公司無法在一帶一路沿線國家與中國競爭」（Lew et al. 2021:22）。報告指出在一帶一路沿線國家遭到中國競爭對手擠出市場的公司包括Paypal等電子支付公司、建築承包商和工程公司，還有德國和日本等美國盟國的鐵路設備製造商。因此，美國和中國企業之間的資本主義競爭並不侷限於中國國內市場，競爭已經走向全球。

4.2 全球南方的新依賴

雖然中國向其他發展中經濟體輸出資本是為了滿足國內政經需要，但中國的入侵對發展中經濟體的影響各不相同。儘管中國作為一個新興不斷擴張的市場與新的資本來源，讓發展中國家得到機會，但也造成許多發展中國家的依賴。

對於許多追求自主發展的政府來說，減少對出口的依賴一直是工業化長期以來的優先工作。發展中國家設法通過進口替代（即限制進口外國產品以促進本國工業發展）或出口導向型工業化（補貼和促進當地工業產品在全球市場銷售）來實現這一目標（見Gallagher and Porzecanski 2010; Karl 1997; Shafer 1994）。中國的崛起擾亂了許多發展中國家自主發展的努力。

中國對石油、原材料、農產品和許多其他商品的需求飆升，推動全球商品價格上揚並提高商品出口國的利潤（Roache 2012）。商品出口國收入增加，導致採掘業和農產品加工的擴張，抵消要減少出口比重的發展政策。例如，1990至2005年期間，巴西用於種植大豆的土地面積翻了一番，這表示要把農地擴展到環境容易受影響的亞馬遜偏遠地區。這場大規模擴張主要是由中國的需求所帶動，在二十一世紀初，中國佔巴西大豆出口市場的42.7%。由於中美貿易戰使更多中國進口商轉向巴西，中國佔巴西大豆出口的比例在2018年飆升至80%。在阿根廷，中國公司主導大豆商品鏈的前後兩端，使得當地收入分配扭曲的程度比起以整合的商品鏈（integrated commodity chain）滿足已開發國家的情況還更加嚴重（Sly 2017）。

在同一時期，智利和其他拉丁美洲國家的銅礦開採業也大幅擴張；2000至2006年期間，拉丁美洲的銅出口成長237.5%，增加的產量大部分出口到中國。2016年智利與秘魯銅分別有67%和73%出口到中國（Gallagher and Porzecanski 2010: 22, passim; Gonzalez 2018）。非洲也看到很多類似現象，尚比亞等金屬礦產豐富的國家，採掘業蓬勃發展，中國是主要市場，儘管中國最近的經濟放緩打擊到非洲的原材料出口（Wang 2017）。

雖然中國有助於推進原物料產業的發展，但中國的產業效率高、成本低，使得發展中國家的製造業承受越來越大的壓力。有些人認為中國在1990年代出口導向型製造業誕生，尤其1994年人民幣一次性貶值拉抬出口後，導致其他亞洲國家的出口陷入困境，如馬來西亞和泰國，也埋下1997–98年亞洲金融危機爆發的因子（如Krause 1998）。中國的製造業出口對拉丁美洲的產業造成同樣的壓力，特別是在墨西哥（Gallagher and Porzecaski 2010: 50）。

原物料出口部門的擴大加上中國經濟繁榮導致本國產業競爭壓力增加，如此一來，發展中國家就有條件進行去工業化，重新依賴自然資源出口。這種變化對各發展中國家的長期發展前景是否有（或帶來多大）傷害或好處，是否會帶來所謂的「資源詛咒」，則取決於每個國家內部的政經情勢。

許多拉美國家的採礦業由國有公司主導，或受到政府嚴格監管，使得這些國家在與中國的談判時對價格及產量有一定影響力，也使他們能夠把採礦業的利潤投入到更有生產性的投資。相比之下，大多數非洲國家缺乏有競爭力的本土礦業公司，必須依靠外國公司來開採資源（Anderson 2011; Jepson 2020）。大多數情況下，中國國有企業與其他跨國礦業公司默默合作，從原物料的礦場開採到港口的運送採取一條龍的服務。非洲政府與中國合作夥伴的談判中處於更不利的位置，中國企業可以專注在眼前收益最大化，而無須考慮對當地經濟、社會和環境的長期衝擊（Haglung 2019; Lee 2017）。

　　中國2009-10年期間的刺激方案，促進國內基礎設施建設的繁榮，也造成全球對商品需求的激增，讓整個發展中國家的出口國受益（Jepson 2020）。中國的需求是許多出口國（從巴西到尚比亞）在2008年全球金融危機中倖免於難的主要原因。2010年後中國的建設熱潮消失，對商品的需求下降，許多由中國繁榮帶動的商品出口國，經歷了經濟趨緩甚至衰退過程。巴西和委內瑞拉在2010年代的經濟危機正是如此。同時，正如我們在上一節所見，中國經濟開始受到產能過剩和經濟放緩之苦。在這種情況下，向其他發展中國家提供發展貸款資助基礎建設，然後找來中國承包商並採購中國物料，也就變成中國資本輸出越來越重要的方式（Horn et al. 2019）。

　　一國對中國的債務不斷高築，巨大的貿易逆差也隨之而來。巴基斯坦就是一個例子，根據世界銀行的數據，2010年後，巴基斯坦向中國大量貸款資助中巴經濟走廊周邊港口和公路的興建，截至2019年，巴基斯坦對中國政府的借貸世界第一。隨著向中國的借貸激增，巴基斯坦從中國進口的機械和建築原料也不斷增加，使得巴基斯坦與中國的貿易逆差飆升。2018年，巴基斯坦陷入了國際收支平衡和貨幣危機，迫使政府向國際貨幣基金尋求緊急貸款。許多人將這場危機歸咎於巴基斯坦深陷中巴經濟走廊，而該項計畫卻是向中國舉債來推動的（Runde and Olson 2018）。

　　除了中國貸款帶來的貿易逆差，債務推動的基礎設施建設熱潮是否能夠持續也是另一個問題。中國對發展中國家的基礎設施貸款是 2009 至 2010 年國內刺激方案的的外部化（externalization），當時中國的國有銀行打開貸款的閘門，為地方政府和國有企業提供方便的資金，使它們能夠進行固定資產的投資。由於這些投資大多會助長工業產能過剩而且不會有收益，因此這些貸款無法持續，還埋下地方政府和國有企業債務危機的定時炸彈（Hung 2016: ch.3）。雖然中國政府可以通過貸款展期、註銷或財政挹注拯救瀕臨違約的國有部門債務人，遏制國內債務危機（Kauko 2020; Koons 2013），但這種補救措施對發展中國家那些外國債務人並不可行。由於有違約風險，中國有許多對外放款設定了抵押品，使得中國面對違約時可以掌握戰略設施的控制權。比方說，斯里蘭卡政府開始向中國借款，並找來中國承包商在沿海要塞漢班托塔建造一座新港口，負責監控印度洋上一條忙碌的航道。港口自 2010 年啟用後持續虧損。斯里蘭卡政府最終違約無力償還，並在 2017 年讓中國國營企業以 99 年的租約奪下港口的控制權（Frayer 2019）。

　　現在要說漢班托塔是特例還是通例還言之過早，但它已經引起人們的警覺，也讓人開始討論中國的貸款設計是否會造成對方難以（甚至不可能）償還，此外還有人討論中國政府的真正意圖會不會是利用貸款建立對中國資金的依賴，並藉此奪取對發展中國家戰略設施的控制權（Kazeem 2020; cf. Brautigam 2020; Gelpern et al. 2021）。由於這些戰略設施有許多是地緣政治的咽喉，有些人猜測它們最終會成為中國從遙遠的國土投射軍事力量的跳板。這讓我們思索中國資本輸出的地緣政治意涵，資本輸出正將中國變成一個新的帝國力量。

4.3 晚期帝國主義及其不滿情緒

當中國在亞洲與世界各地的經濟力量增強，北京自然會設法動用自身的經濟影響力提高地緣政治影響力。北京對亞洲鄰國的行為方式可能預示它將如何與其他地區互動。中國的帝國轉向（國家將正式或非正式的政治權力投射到主權邊界之外）並不令人意外。

中國的經濟崛起加上冷戰結束，使中國有可能和亞洲各國政府追求以中國為中心的新秩序，這類似於前現代的中國中心史觀（Hamashita 2008; Kang 2010）。隨著亞洲的富國和窮國都逐步整合到以中國為中心的生產網路，並且越來越依賴中國的投資和放款，許多人已經看到北京一直拿威脅切斷經濟關係作為外交武器。舉例來說，中國在與東南亞各國和日本爭端中，毫不猶豫地使用或威脅要使用經濟優勢來加強伸張主權。但美國持續介入該地區，使亞洲其他國家足以制衡中國的經濟和政治影響力。不論是搖擺在部分民主和軍事獨裁之間，還是緬甸在美中之間的游移，有部分都是美中在當地競逐的結果。（Bower 2010; Mandhana et al. 2021; O'Connor 2011）。

　　新加坡、韓國、菲律賓、台灣、越南和其他許多亞洲國家皆受益於和中國的經濟整合，但同時他們也都強化與美國的經濟和政治軍事聯繫。這些亞洲國家成為中美爭奪影響力的戰場，南亞和中亞也可以看到類似變化。例如，2015年的斯里蘭卡總統大選，挑戰者席瑞塞納以反中為競選主軸，擊敗現任總統拉賈帕克薩：拉已經當了兩屆總統，且批准過許多中國建設與資助的大型基礎建設工程。選舉結束後，許多中國計畫被新政府推遲或重新審查。拉賈帕克薩和弟弟在2019年的總統大選和2020年的國會選舉中重新奪回權力，大家預料隨著中國支持的計畫得到動能，斯里蘭卡將再往中國傾斜（Sala 2017; Shah and Jayasinghe 2020）。

　　巴基斯坦在地方上有許多精英都認為，中國各項工程使得中央的軍事領袖進一步控制了他們的勢力範圍與資源（Hameed 2018）。這些計畫與涉入的中國人都成為當地反叛組織針對的目標。2017年，巴基斯坦政府取消由中國資助140億美元的迪阿莫巴沙大壩計畫，理由是貸款條件過於苛刻，包括以新壩和舊壩作為貸款擔保。隨後，巴基斯坦轉向國際貨幣基金組織尋求緊急貸款，應付中巴經濟走廊造成的收支危機，國際貨幣組織回應的貸款條件是要求巴基斯坦「減少對北京的貿易和商業依賴」(Kahn 2020)。

2017年，尼泊爾取消與中國葛洲壩集團簽訂的25億美元水電站建設合約，政府的理由是招標過程有違規和貪污。2018年，馬來西亞反對派以打擊貪污為競選主軸，指控執政黨藉著一帶一路與中國合作，損害馬來西亞的國家利益。出乎意料之外的是，反對派贏得選舉，並在上台後與中國重新談判「一帶一路」許多重大項目(Parameswaran 2019; Radio Free Asia 2019)。菲律賓民粹總統杜特蒂不斷揚言要切斷與美國的軍事關係、投向中國懷抱，但他經不起國內壓力，改採強硬立場，在中菲領土爭議否認中國的主張(Strangio 2020)。

中國政府竭力利用日益強大的經濟優勢擴張地緣政治的影響力並不只限在亞洲，非洲是中國影響力迅速增長的另一個地區(Brautigam 2011)。許多非洲國家支持中共在台灣主權和達賴喇嘛訪問等政治問題上的立場，小心翼翼與中國保持良好關係。然而，當勞資糾紛有時候演變成血腥場面，而且有越來越多貪污指控牽涉到中國公司，非洲內部也開始擔心起「中國殖民主義」。非洲各地的反對黨看準了民眾憎恨中國侵入的情況，開始攻擊現任政府，稱其犧牲當地利益來滿足中國的要求。2011年尚比亞的選舉中，反對黨以反中為競選綱領，成功拉下執政黨(French 2011)。

　　由於對於中國在非洲影響力的擔憂已經達到一定程度，使得與中國有密切往來的現任政府不得不處理此議題。2013年三月，金磚國家在南非德班召開高峰會之前，最依賴中國貸款的非洲國家之一奈及利亞，由當時的央行行長在《金融時報》上提出警告，非洲擁抱中國是「自己對新帝國主義打開大門……中國拿走我們的初級產品，然後向我們出售製成品。這也是殖民主義的本質」(Sanusi 2013)。

　　拉丁美洲也有類似的情況變化，美國與巴西在歐巴馬執政期間關係的改善說明了這種變化。巴西從中國需求驅動的資源經濟得到許多好處，但也同時付出巨大的環境代價。當地企業家反對中國主張的重商主義貿易和貨幣政策，遏制中國在巴西的影響力，因而支持美國政府在世界貿易組織指控中國操縱匯率 (Dalton and Kinch 2011)。2018年指責中國收購巴西並認定中國對國家安全構成威脅的波索納洛勝選，此事會如何影響巴西與中國的關係還有待觀察。2021年的秘魯大選中，強硬左派候選人卡斯蒂略險勝，他的競選主軸是把外國礦業公司（主要是中國公司）視為新殖民主義，並呼籲與外國公司重新談判採礦權、課徵新的稅。

　　即使一度是中國政府眼中穩定盟友的拉美國家，現在有時也會違背中國政府的意願行事，委內瑞拉就是一例。委內瑞拉石油原本的主要消費國是美國，而已故的社會主義總統查維茲與美國決裂，當時他轉向中國尋找替代市場和政治支持。中國政府提出前面提到的以貸款交換石油的協議。當委內瑞拉因油價下跌而陷入嚴重經濟危機，查維茲的繼任者馬杜洛政府開始拖延用於償還貸款的石油，並在國際市場上出售石油換取現金。隨後許多中國公司丟下未完成的工程離開了委內瑞拉。當馬杜洛無法獲得更多的中國貸款，他於2017年又轉向華爾街尋求借貸（Vyas and Kurmanaev 2017; Wernau 2018）。

　　這些挑戰限制了中國向發展中國家的經濟擴張。當習近平宣布「一帶一路」的核心計畫後，中國對「一帶一路」沿線國家的資本和貨物出口大幅飆升。但從2016年開始，中國資本出口的成長明顯下降，如圖9的對外直接投資和貸款的數據所示（另見Niewenhuis 2020）。中國野心勃勃想成為一個有廣泛影響力的資本輸出大國，他們遇上的瓶頸不只是地緣政治也是金融問題。接受中國投資和貸款的發展中國家，一直可以選擇美國和其他大國作為後盾，例如印度之於斯里蘭卡和尼泊爾，於是中國勢力範圍難以擴大。中國要克服這項瓶頸，就必須克服美國在全球金融和地緣政治秩序中的主導權。

4.4 挑戰美帝國

　　只要全球美元本位制、布列登森林體系的多邊組織和美國全球軍事保護傘仍佔據主導地位，中國地緣政治影響力的投射就會受限。那些中國想要納入麾下的國家，經常可以指望美國來遏制中國日益增長的影響力。中國政府非常清楚這個障礙，也已經開始探索各種方法來創造一個平行的全球匯率體系、多邊機構甚至是安全軍事強權，與美國分庭抗禮。

中國以出口導向的製造業大國崛起，靠的是對美元的依賴。中國的出口幾乎完全以美元計價，就像過去的日本和亞洲四小龍（Hung 2016: ch.5），中國進口付款也是以美元計價。中國將外匯存底（主要是美元）投入美國公債，此舉有助於維持全球美元本位制和美國主導的全球金融架構。2008年始於美國的全球金融危機嚴重損害美元的信用，也促使中國重新思考自己對美元的依賴。

從2008年開始，中國推動人民幣在國際上的使用，希望中國的對外貿易和投資進出能夠逐漸以人民幣而不是美元結算。人民幣國際化面臨的最大挑戰是它無法自由兌換，因為中共從未放棄對金融體系的控制，鬆綁中國的資本帳。人民幣無法兌換，這一點抑制了國際上對人民幣的需求。中國政府的補救措施是承諾人民幣最終可自由兌換，同時在香港建立一個可自由兌換的人民幣離岸市場（Hung In press: ch. 3）。2008年全球金融危機之後的幾年之間，人民幣在國際的流通似乎顯著增加，儘管它仍然遠遠落後於歐元，更不用說美元。如上一節所述，由於中國經濟放緩、產能過剩和債務泡沫，導致2015年中國的金融危機和人民幣大幅貶值，迫使中國政府再次收緊外匯買賣管制以遏止資本外逃。在動盪之後，中國政府將金融穩定放在首位，把人民幣國際化擱置一旁。如今，中國大部分貿易和對外投資仍以美元計價，對外的貸款絕大多數也是如此（如圖12所示，另見Horn et al. 2019）。

中國政府試圖建立一個人民幣集團以減少對美元的依賴，但迄今仍不見成效。然而，中國在2008年全球金融危機後積極推動人民幣國際化，確實暴露出中國想要挑戰美國霸權的意圖，中國的野心讓美國保持警惕。2019年美國國會報告宣稱，人民幣國際化仍維持一定的動能。再加上中國主導人民幣跨境支付系統（CIPS）的創立及快速發展，獨立於美國主導的銀行間國際轉帳代碼（SWIFT），有可能會創建出一個中國主導的全球金融體系，挑戰美國建立的金融秩序。這個金融體系可能為那些受美國制裁的國家提供一條救生索，包括北韓、敘利亞、俄羅斯和伊朗（US–China Economic and Security Review Commission 2019）。

除了試圖建立一個平行的全球貨幣體系之外，中國政府還想要建立自己的多邊機構，因為透過雙邊關係在經濟上入侵其他發展中國家的舉動已經招致反彈。這些機構可以為中國往發展中國家的經濟擴張提供一套多邊形式作為掩護。2015年春成立的亞投行為中亞、南亞和東南亞的基礎設施計畫提供資

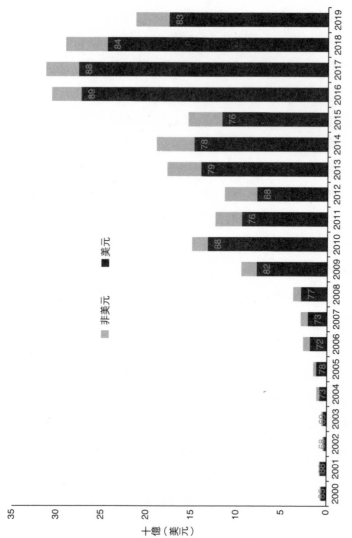

圖 12　中國公開對外放貸的幣別（數字為美元%）
來源：World Bank b (n.d.).

金，也就是邁向這種做法的一大步。截至2017年12月，亞投行有70個會員，其中44個來自亞洲，26個國家來自亞洲以外，還包括一些歐洲國家。亞投行的資本額可能達到1000億美元；中國承諾認繳500億美元。然而，到2019年底，亞投行成立之後的四年之間，承諾和支付的貸款總額分別只有84億美元和29億美元（AIIB 2020），遠遠低於最初預期的每年度發出100–150億美元的貸款。隨著歐巴馬政府決定抵制亞投行，美國和中國向發展中國家提供多邊貸款的競爭越演越烈（Wu 2016）。美國一方面拒絕加入亞洲基礎設施投資銀行，還於2018年成立國際發展金融公司提供600億美元的風險承擔額度，藉此回應亞投行（Congressional Research Service 2019）。

如果中國的雙邊發展援助可以運作良好，它就不需要建立新的多邊銀行。中國可以單獨放貸，也就可以完全控制貸款的對象還有條件。藉由亞投行這類多邊銀行提供貸款，限制了中國的行動自由，儘管中國掌握否決權，但其他利益相關者也有發言權。此外，即使中國是亞投行的最大出資國，但它仍然要面對現有多邊貸款機構的規範。中國成立或支持這些多邊機構的理由，在於它想放棄決定貸款條件的部分權力，而把提供貸款的風險分散出去（Hung 2015）。

外界猜測亞投行會犧牲美元，推動人民幣成為國際使用的貨幣工具，但事實正好相反，亞投行別無選擇，只能以美元計價，因為對於人民幣貸款的需求仍然很小（Horn et al. 2019; Stro-hecker 2019）。雖然亞投行承諾和支付的貸款總額遠遠低於最初的預期，但大部分貸款都是與美國主導的多邊機構進行聯合借貸，如世界銀行和亞洲開發銀行（AIIB 2020）。亞投行與傳統多邊銀行的共同融資，依靠傳統銀行的專業知識來評估和承擔融資項目的風險。

中國想要將影響力投射到其他發展中國家的另一項挑戰，是既有的安全風險和更大的參與成本。隨著越來越多的中國資金、人員和關鍵生產設施分散到各個發展中國家，其中不少國家是由不穩定且不得人心的政權統治，北京為了保護他們就要承受越來越大的壓力。因此，中國設施被破壞和人員遭綁架的事件在這些不穩定的國家屢見不鮮。根據報導，中國公民已成為非洲恐怖份子和反叛組織的頭號綁架目標，而中國設施也成為勒索要求贖金的貴重目標（ENR 2014; NYA International 2015）。激進和恐怖組織等將中國的入侵視為新帝國主義入侵的人，也基於政治原因把中國人和設施作為目標（Kelemen 2019）。2018年激進武裝份子對中國駐巴基斯坦喀拉蚩領事館的奪命襲擊就是一個很好的例子（Yousufzai 2020）。

自2013年以來，中國政府一直承諾會派遣人民解放軍保護中國在海外的「核心利益」（Hung 2016: ch. 5）。到目前為止，解放軍的海外行動主要是參與聯合國維和行動。解放軍也開始效仿美國、英國和法國的作法，在吉布地派駐一支部隊，協助巡防國際貿易的必經之地、連接紅海和阿拉伯海的運輸咽喉。但是比起美國、歐洲和俄羅斯，中國的對外直接軍事參與仍顯得微不足道。

　　為了彌補軍事涵蓋能力的不足，中國政府一直試著雇用傭兵來捍衛其海外利益。2014年，因在伊拉克的行動而惡名昭彰的黑水公司創始人和前執行長普林斯，被聘為先豐服務集團的負責人。這家位於香港新成立的物流和保全公司，是中國最大的國有企業集團中信集團的子公司。先豐服務集團的主要業務是通過當地的保全外包商網路，為在非洲的中國公司提供保全服務。2016年底，該公司宣布要調整公司策略，以便「好好利用中國一帶一路倡議所帶來的商機」（Frontier Services Group 2017）。自2017年以來，先豐服務集團在北京一直有個大型保全培訓中心，並於2019年初開始在新疆設了另一個培訓中心（Reuters 2019）。中國與普林斯合作成立先豐服務集團的目的可能不是為了尋找一套長期的方案，保護中國政府的海外利益，而是為了解決一些迫在眉梢且不斷增長的需求。在普林斯這些外國人尚未提供幫助時，中國已經開始發展自己的保全公司，為中國的海外企業提供服務。一些例子包括中安保實業集團、華信中安、北京德威保安服務有限公司和海衛隊國際保安服務有限公司（Nouwens 2018; Zheng 2019）。

　　中國作為資本輸出國的崛起，走上歷史上其他資本主義國家的腳步，這些國家為了經濟利益而向海外擴張，才發現必須把自己的政治軍事力量投射到主權領土之外保護海外的經濟利益。中國的所作所為並非新鮮事——它是許多已開發國家在歷史上所遵循的非正式帝國主義擴張之路。諷刺的是，許多同情中國的西方學者並不認為中國已經走向帝國主義，但中共領導人至少從2004年開始就更為坦率地表示，中國必須向西班牙、荷蘭、英國、法國和美國等十五世紀以來歷史上的帝國學習全球權力的投射（中國青年報2006）。近來，中國一位在重大政策上深具影響力的官方學者明確寫道，為了中國人民和世界的利益，中國應該「耐心地消化」英美「帝國的技藝和成就」來構建自己的「世界帝國」（Jiang 2019）。

　　中國的帝國主義轉向，使得既有的帝國強權（尤其是美國）更加焦慮。許多發展中國家也感到憂心忡忡，它們認為中國影響力不斷擴大會威脅到發展中國家的自主發展和主權。每一個正面臨中國影響力擴大的發展中國家，現在都考慮著如何避免被中美競爭日益加劇的戰火所波及，也想盡辦法要從兩強相爭中獲益。許多國家認為中國的援助和投資能夠有效制衡美國現有的影響力，反之亦然。他們常常利用中國與美國的互鬥。這就是我們在上世紀所見典型的帝國爭霸。

5 結論：帝國爭霸再起
Conclusion: Interimperial Rivalry Redux

　　冷戰結束後，有些人認為世界逐漸走向「文明衝突」，即是穩定的西方強權與崛起中的華人及穆斯林世界的經濟和人口強權之間的衝突（Huntington 1996）。另一方面，有些人認為世界正在邁向更廣大且普遍的和平，並會在自由民主和自由市場下實現統一（Fukuyama 1992）。其他人則看到一個普遍的全球資本主義帝國崛起，幾個主要的資本主義強權聯合起來統治並瓜分世界（Hardt and Negri 2000）。

　　但這絕對不是一場新的辯論——資本主義的歷史充斥戰爭和衝突。自資本主義的現代性誕生以來，人們就一直在討論它最終帶來的到底是永久和平或資本主義強權間的大戰。我們可以在二十世紀之交看到同樣的爭論，當時世界就是一個成熟的資本主義大國英國，面對後起之秀德國和日本的進逼。對於考茨基（Karl Kautsky 1914）而言，大英帝國的終結和新資本主義國家在十九世紀末的崛起，未必帶來一場衝突。考茨基提出了

一套「超帝國主義」理論，認為強大的資本主義國家可以建立
一個聯合卡特爾（joint cartel），一起瓜分和宰制整個世界。1878
年柏林會議上的非洲爭奪戰和1900年列強國聯合侵華的八國
聯軍，都可以視為是超帝國主義的行動。在這種超帝國主義的
架構下，大國之間可以長期處於相安無事的和平狀態。

　　列寧（Lenin 1963 [1917]）不同意和平的預言，他在英國經
濟學家霍布森的分析基礎上，主張當強權試圖以帝國主義統治
世界時也就注定會有衝突。強權的協作頂多是衝突下的一時休
兵。由於強權間的資本主義發展速度不一，無論世界分隔（di-
vision of the world）是建立在哪時候的強權平衡，一旦平衡出現
變化，世界分隔也會遭到淘汰。權力平衡的變化必然鼓勵一些
大國尋求資源重分配，接下來就不可避免的產生衝突。最終，
兩次世界大戰證明列寧強權必有一戰的理論比考茨基的超帝國
主義和平說更具說服力。

　　雖然冷戰結束後世界秩序的格局仍持續變化，但1990年
代美中共生關係浮現，以及近年來由美中競爭所取代，使許多
人質疑世界兩大強權是否正走向戰爭，或者它們是否會恢復一
種更為和諧的關係。我在這本小冊借用馬克思學派和韋伯學派
國際政治的觀點，揭開1990至2010年前後美中共生關係以及
2010年後美中對抗的經濟和地緣政治之源。

　　我們在第二節看到，1970年代以來，美國公司一直用全

球化挽救獲利能力危機。1990年代初，儘管外交政策精英往往把中國視為冷戰後美國的眼中釘，美國公司還是主張與中國的貿易自由化。這段時間他們努力為中美貿易自由化遊說，主要源於中國政府費心動員美國公司並將他們變成代理說客。這段貿易自由化為中國在2001年加入世界貿易組織鋪路，也預示中美貿易在二十一世紀初的全盛時期。

整個1990年代，美國許多外交政策精英都預見到未來的中美衝突。中美各自的盟友在南海的磨擦增加，對於中國助長朝鮮和巴基斯坦核擴散的憂慮也逐日加深，並且開始流傳著一項說法，認為威權的中國將威脅美國在亞洲的霸主地位。一個地位穩固的大國和一個崛起大國間的「強權競爭」似乎正在上演艾利森所言的修昔底德陷阱。然而，實際上，由於華爾街帶頭的公司部門努力促進中美友好，兩國間的整體關係仍繼續改善。1990年代中美關係的發展顯示修昔底德陷阱之說的侷限，忽視了跨國經濟聯繫的重要性。邁入2000年代，美國全心投入中亞和西亞反恐戰爭，促使華府的外交政策精英在東亞安全問題上尋求與北京建立合作關係。企業和地緣政治利益同樣偏向中美友好，確立「中美國」的形成。

中美的共生關係來到高峰，美國企業和中國也開始有了嫌隙。隨著美國公司在中國的投入增加，中國侵害智慧財產權案件以及抱怨中國違背市場准入承諾的情況也變多。起初，這些

衝突或多或少都能獲得控制。如我們在第三節所見，2008年
全球金融危機以及中國政府在2009至2010年對國有部門的大
規模刺激貨幣之後，美國企業在中國的商業環境明顯惡化。政
府的刺激方案趨緩之後，中國企業出現產能過剩和獲利能力的
危機。在國家法規和金融的支持下，中國企業更積極地侵佔技
術以及美國公司在中國的市佔。這使得許多過去曾是中國利益
代理說客的美國企業，搖身一變為要求對中國採取強硬政策的
遊說者。至少，他們不再急於緩和外交政策精英所提出的對
抗政策，使得美國2010年代從反恐戰爭脫身後，就把注意力
轉回美中在西太平洋的競爭。美中在中國市場上的資本主義競
爭越演越烈，最終使美國企業對中國的態度與外交政策精英一
致，都傾向與中國對抗。

　　表4歸納出美國企業和地緣政治利益在中國問題上的變化
排列。沒有任何一個時期是美國企業與中國同行競爭，而美國
又同時是中國在地緣政治的盟友（下行左）。我們可以在那一

表4　外交政策精英和企業對美中關係的態度

		外交政策精英的態度 （韋伯學派的地緣政治利益）	
		合作夥伴	競爭對手
企業態度（馬克思學派的經濟利益）	合作夥伴	2000年代美中關係	1990年代美中關係
	競爭對手	美國與歐洲	2010年代美中關係

格放上美歐或美日關係。雖然美國在北大西洋公約和美日安保條約中與歐洲和日本結盟，但美國企業一直把兩地的企業視為競爭對手。表4顯示，雖然美國的地緣政治利益在大多數時候與中國相左，但美國企業的利益不一定。唯有在企業利益和地緣政治利益都和中國衝突的情況下，華府才轉而對中國採取敵對姿態。美國企業在中國利益的改變，反過來又是中國政治經濟變遷的結果。資本的經濟利益（馬克思學派的觀點）和國家的地緣政治利益（韋伯學派的觀點）對於美中關係的影響都非常重要。

我們在第四節看到，除了在國內市場擠壓外國企業外，中國企業也在國家的支持下試圖向其他國家出口過多的資本，以解決產能過剩的問題。中國提出的「一帶一路」也凸顯中國輸出資本的願望，這項倡議為中國商品和承包商提供巨大的新市場。中國企業與美國企業的競爭延伸到「一帶一路」沿線國家，其中有許多國家一直是美國的盟友。中國現在必須發揮自身地緣政治的力量，保護中國的海外投資。當中國犧牲美國建立起自己的勢力範圍，就與既有的地緣政治大國美國發生正面衝突。

總而言之，美國和中國資本主義的聯合與不均發展（combined and uneven development），導致兩國之間的資本主義競爭。這場競爭讓華府把中國視為地緣政治的對手，撕裂中美國，並引發美中在亞洲和其他地區的對抗。美中競爭的白熱化彷彿列寧口中英國和德國之間在二十世紀初的衝突。在二十世紀之交，德國成為一個資本主義強權，為資本尋找海外市場和出路。由於德國不像英國正式掌握許多殖民地，德國的資本輸出不是由外國直接投資主導，而是由德國銀行貸款支持在中歐、南歐和拉丁美洲等地的基礎建設（主要是鐵路）。德國貸款的借款人有義務為其工程採購德製產品。德國銀行家與英國及法國的銀行競爭，向中歐和拉丁美洲提供貸款（Bersch and Kaminsky 2008; Lenin1963[1917]: 228; Young 1992）。威廉二世提出、並受到德國政府支持的的基礎建設柏林─巴格達鐵路，就是要滿足德國在商業利益和地緣政治的野心。這項建設連接德國、奧匈帝國和鄂圖曼帝國，並切入了英國和俄國在近東的勢力範圍，當世界的能源從煤轉向石油，近東作為能源來源的重要性與日遽增。這條鐵路還把塞爾維亞置於帝國競爭的核心，可說是第一次世界大戰爆發的重要原因（Kennedy 1980; Lenin 1963 [1917]: 223, 261; McMeekin 2012）。

　　一次世界大戰後，德國想要在中歐和南歐使帝國馬克國際化，增加帝國馬克的使用，並建立帝國馬克集團，犧牲英鎊的利益推動德國資本的輸出（Milward 1985）。這使得英國和德國對中歐和東歐競逐越演越烈，首先是在金融貨幣領域，然後擴及政治和軍事。這項政策類似於中國政府試圖將人民幣國際化，犧牲美元建立一個以人民幣主導的經濟集團。

　　英國與德國資本主義間的競爭演變為一場帝國競爭的歷史先例顯示，美國和中國的競爭有可能升溫甚至可能導致戰爭。許多觀察家已經注意到中國對美國盟友控制的地區（尖閣列島／釣魚台列嶼、南海、台灣）伸張主權，相當於德國在二十世紀初提出的領土收復主義（如Roy 2019）。值得注意的是，中國許多深具影響力的官方學者公開把中國要「偉大復興」的外交政策拿來與一個世紀前德國的立場相比。例如納粹主義法學者施密特等德國國家主義思想家的作品，在扮演黨國領導人耳目的北京著名學者之間廣受歡迎（Chang 2020; Qi 2012）。中國作為一個崛起中的帝國，和既有的帝國美國之間的衝突，越看就越像二十世紀初的德英衝突。

　　目前的中美衝突與一個世紀前的德英衝突有相似性，並不意味戰爭無可避免。二十一世紀的不同之處在於，現在全球治理機構林立，美國、中國及美中盟友可以在這些機構中爭取影響力，解決他們之間的不合，而不是通過戰爭解決爭端。兩邊的鬥爭已經展開，過去的十年來，美中在聯合國、世界貿易組織、世界衛生組織和其他機構中爭權的情況一直有所增加。

　　此外，正如霍布森所指出，當資本主義強權無法保證國內工人階級更高的收入、更高的購買力，也就需要輸出資本尋求海外利潤，這樣才能吸收國內經濟過剩的生產能力（Hobson 2018 [1902]: ch. IV）。如果國內再分配有所改善，資本主義強權就沒那麼需要輸出資本，因而少了開拓勢力範圍進而與其他強權發生衝突的動機。以中國的情況來說，如果中國政府順利推進家庭收入和家庭消費實現經濟再平衡，中國政治經濟的產能過剩、獲利能力危機和債務問題也就會得到緩解（Klein and Pettis 2020）。中國企業及背後支持它們的中國政府，也就無需大費周章擠壓在中國的外資，也不會那麼想進行海外投資。如果透過再分配而不是加劇資本主義的零和競爭來振興獲利，將可以遏制國家間衝突的惡化。同樣的道理也適用在美國，可以進行再分配改革，而非透過新自由主義全球化進行資本輸出。霍布森在一個多世紀前為避免貿易戰、帝國擴張以及因此引發的帝國戰爭所提出的解方，至今仍然適用：

> 帝國主義的根源就在於這種經濟狀況（資本和產能過剩）。假如這個國家（英國）的民眾消費讓消費水準跟上每一次生產力提高的速度，就不會有商品過剩或資本吵著要利用帝國主義尋找市場：對外貿易還是存在，但要交易手上的少量剩餘並不困難……而且如果我們願意的話，我們的所有儲蓄都可以在國內產業找到出路（employment）(Hobson 2018 [1902]: 58)。

可以肯定的是，這種重覓平衡的舉動，維繫於打破企業寡頭對於再分配的抵抗，說起來比做起來簡單。基於我們對中國資本主義發展和美國政治經濟的理論認識，結合歷史個案的比較，我們確信中美對抗在未來幾年只會更加嚴重。藉由合法的全球治理機構進行調解，還有重新尋找中國和美國的經濟平衡，將是有助於緩解衝突的兩種方法。唯有時間能證明這些方法是否會成功，以及它們是否能成功避免更多致命的衝突。

附

錄

附錄一
從川普談到美國政治權力及中美關係[1]

　　2017年1月，川普出任美國總統。此後一年來，美國政治陷入近年所未見的混亂。「通俄門」調查層層深入，內閣要員相繼離任，川普的民意支持度不斷創歷史新低。2018年中期選舉，多名川普支持的候選人敗選，共和黨整體的表現也未如理想。選舉後，黨內出現去川普化的呼聲，但川在共和黨的基本盤選民中間的支持仍強。截至現在，川普仍在共和黨2024年總統大選的初選民調中領先。

　　一段時間後回顧，我們會發現，從大選到之後幾年圍繞著他的喧鬧，都只是歷史的雜音。在這些雜音背後體現的，乃是美國族群、階級政治的長期趨勢。川普當選總統有其偶然性，但也有很大的必然性。他喜歡通過社交媒體直接表達未經修飾的想法，謾罵對手語不驚人死不休，但細心觀察他的國內外議程，包括對華政策，卻不難發現其中對於共和黨甚至民主共和兩黨的主流共識都沒有偏離太遠。

1　本文修訂自〈從特朗普談到中美關係的未來走向〉，《二十一世記評論》166期，
　　2018年4月號：34—45。

「白種怒漢」：川普勝選的種族根源

2016年總統大選時，川普能在初選遠遠拋離其他共和黨主流大老，贏得共和黨候選人資格，最後更出乎意料地擊敗民主黨候選人希拉蕊，背後承載著美國中下階層白人自1960年代以來的憤怒——種族平權和種族多元化政策使得他們失去白人特權。這種憤怒在美國首位非裔總統歐巴馬治下達到頂峰。草根白人認為，白人至上的種族秩序已經在歐巴馬任內八年間顛倒過來。他們把生活中所有挫折都歸咎於白人失去優勢，希望一個強人進入白宮為白人出頭，把已經顛倒的再顛倒過來。他們擔心若民主黨再當政四年，現時顛倒了的種族秩序將會常態化。而川普整個競選工程，都充滿了「恢復白人優越地位」的暗示。右翼福音教派傳媒大亨魯特便在福斯新聞歡呼2016年成為「白種怒漢年」，更出版了《白種怒漢》一書，[2] 表達他對川普帶領白種男性「步出紅海」的期許。

川普從一個親民主黨的商人金主，轉變成一個右翼政治領袖，正始於他在歐巴馬當選後領導「質疑出生地運動」，堅稱歐巴馬不在美國出生，所以根據憲法並無資格出任總統。在歐

2　Wayne A. Root, *Angry White Male: How the Donald Trump Phenomenon is Changing America—and What We Can All Do to Save the Middle Class* (New York: Skyhorse Publishing, 2016).

巴馬出示出生證明、確定他在美國出生後，這個運動仍然持續
而且愈發壯大，但它除了對歐巴馬作為黑人的仇恨之外，並無
事實基礎。當時《經濟學人》雜誌斷言，川普就算落敗，他的
參選或許已經永遠改變美國的政治光譜。「白種怒漢」被川普
充權和聯合起來之後，將會繼續左右美國政局。這就如1964
年共和黨總統候選人高華德攻擊種族平權、鼓吹保守基督教價
值和抨擊大政府的主張，雖在當時被視為不入流的極端路線，
但在他慘敗後不到二十年，雷根便憑藉跟他差不多的主張贏得
大選。

　　川普正式成為總統，擁有最高權力，這對「白種怒漢」的
鼓舞就更不難想像。在他就任後，不少本來隱蔽行事、被認為
是邊緣組織的新納粹和白人至上組織變得高度活躍，不時舉行
公開的大規模集會；少數族裔因為膚色而被陌生人襲擊的仇恨
犯罪案件飆升，這種趨勢令人擔憂。

　　在小布希當政、美國右翼勢力被認為已達如日方中之境的
2004年，《經濟學人》兩位前任編輯出版了《右翼美國：美國
保守派的實力》一書，[3] 講述自由派的過度擴展以及黑白衝突如
何造就「白種怒漢」和新右派崛起，至今仍是理解美國右翼興
起的經典。該書指出，美式自由主義的核心，乃是通過政府的

3　John Micklethwait and Adrian Wooldridge, *The Right Nation: Conservative Power in America* (New York: Penguin Press, 2004).

積極措施讓不同種族、階級、性別等多元公民能享有平等的權利與機會。1860年代共和黨總統林肯解放黑奴後，南方白人通過《吉姆・克勞法》開始施行種族隔離並剝奪黑人投票權，令自由主義受挫。1950年代，南方黑人的民權運動隨南方的經濟高速發展而壯大。本來與南方白人結盟的民主黨將結束種族隔離的主張加入政綱，以爭取越來越重要的黑人選票。1960年代，美國在甘迺迪與詹森主政下通過種種平權措施，正式結束了南方的《吉姆・克勞法》時代。

自由主義在種族問題上取得勝利後，由1960年代戰後嬰兒潮一代帶動的女權、環保等社會運動，導引民主黨進一步左轉，將保障女性墮胎權利、制裁污染企業等加入其政策主張中。在這個大潮下，共和黨亦不得不跟著左轉，支持平權、女權、環保等自由派價值，以時任紐約州長洛克斐勒為代表的所謂「洛克斐勒共和黨人」成為黨內主流。

但在同一時期，一股新右保守力量在南部與中西部的白人小農、小企業家和工人階級間崛起。在急速的自上而下的平權措施中，利益受損的草根白人察覺到最積極推動平權的自由派精英往往是寬己嚴人的偽善政客。一方面，他們主張在公立大學實行平權措施，增加黑人學生比例而減少錄取下層白人；另一方面，自由派精英卻能輕易把子女送進名牌私立大學。自由派強制公立中小學實行黑白融合，卻在私下爭相將子女送到純白人的貴族私校。自上而下的平權政策引起的反彈激起了新右運動，主張聯邦政府撤出百姓生活、重建家庭價值、白人擁槍自衛。這一運動以草根白人社區的鄰里團體、教會、槍會等為主力，在每次選舉中展現出越來越大的影響力。

1968年尼克森競選總統時，即看準了草根白人對民主黨自由派的不滿，放棄了共和黨解放黑奴的主張，動員選民對黑人的仇恨和對傳統價值解體的恐慌情緒，以「維護法紀」的政綱贏得大選。1970年代美國的經濟、外交危機令新右運動蓬勃發展。雷根於1980年贏得總統大選後，即繼承尼克森沒有徹底完成的右翼革命，將羅斯福新政時期確立的福利國家砸爛。雷根在攻擊向富人徵稅以補助窮人的福利國家政策時，刻意模糊當中的階級因素而突出種族因素，批評當時的福利制度不公，剝奪誠實勤勞的白種小市民、助長被共和黨形容為「狡猾懶散」的黑人不勞而獲。他在鼓吹福利改革時便曾反覆引用「福利皇后」這個半虛構例子——領取失業救濟的黑人女子騙取大量救濟金，開名車，過著舒適的生活。

過去三十年，全球化與經濟轉型令美國內陸工業帶流失大量職位，收入增長追不上東西岸大城市，令「白種怒漢」愈加憤怒，聲勢日漸壯大。影響所及，共和黨愈益轉右。就連1990年代民主黨柯林頓政府也被迫向右轉，推動比雷根更激進的福利改革。小布希在2001年上台後，共和黨完全控制了白宮與國會,是為新右的一個黃金時代。他推動伊拉克戰爭所帶來的外交災難和任內爆發的金融危機,造就了歐巴馬執政八年,一度扭轉了自由派的劣勢,讓醫療改革和同志平權等政策得以實現。

很多自由派人士以為歐巴馬執政代表美國新右的陷落和自由主義的終極勝利,但事實上「白種怒漢」的憤怒卻在非裔總統治下達到高峰,引發反聯邦政府、反歐巴馬醫改的茶黨運動,掀起了將川普送進白宮的巨浪。川普執政,令新右勢力進一步增強並超越小布希時代的頂峰,其實就是美國草根白人對種族平權和文化多元反彈的結果。

被民主共和兩黨拋棄的工人階級

當然,川普當選也不單是因為草根白人的種族主義。他贏得的選舉人票,全靠在前兩次選舉中投向歐巴馬的幾個中西部老工業區民主黨票倉(包括密西根州、威斯康辛州,甚至是橫跨東部與中西部的賓夕凡尼亞州)在這次選舉中出乎意料地支持他。選前的民意調查幾乎全部都顯示希拉蕊將會在這幾個州輕易勝出,這是媒體專家斷言她必勝無疑的基礎;結果她將這幾個州全部輸掉。選後不少分析發現,這幾個州從藍轉紅的關鍵是在上兩次選舉中大比數投票給歐巴馬的多個所謂「歐巴馬要塞」在這次選舉中都轉向川普。後來不少媒體和社會學調查都證實了所謂「歐巴馬—川普選民」確實存在——他們在當年票投歐巴馬，感到失望後票投川普，雖然兩人左右有別，但都包裝成「來自建制以外的推動變革者」。[4]

這次轉投川普的「歐巴馬要塞」很多都是傳統工業區，近二十年受到產業工序外移至低工資地區的影響，失業情況嚴重。川普的反自由貿易政綱，包括重新談判《北美自由貿易協定》（NAFTA）、退出《跨太平洋夥伴關係協定》（TPP）、提高中國進口產品關稅等，對這些地區的選民來說無疑十分吸引。而NAFTA的簽訂和將中國帶入世界貿易組織（WTO）等舉措，都是在1990年代由柯林頓政府完成的。在這些老工業區，柯林頓的名字早已與「自由貿易」等同。希拉蕊在競選時不斷將自己包裝成反對自由貿易的政客，但她在當國會議員和國務卿時支持自由貿易的立場鮮明，實在令人難以抹去有關印象。難怪這次選舉的各個票站調查均顯示，工會家庭選民和低收入工人階級選民投票給希拉蕊的比例比2012年投給歐巴馬者為低，投票給川普的比例則比2012年投給共和黨羅姆尼者為高。

除了「歐巴馬—川普選民」之外，覺得希拉蕊「投不下去」而在選舉日留在家裡的民主黨支持者肯定為數不少。民主黨初選時，很多大工會的地方分部都支持反對自由貿易的黨內候選

4　Nate Cohn, "The Obama-Trump Voters are Real. Here's What They Think", *The New York Times*, 15 August 2017.

人桑德斯。但一直與民主黨建制派過從甚密的全國工會領導，卻急不及待地推薦希拉蕊，引起不少會員不滿。這些工人在選舉日有多少真的出來票投希拉蕊，實在成疑。如果「歐巴馬─川普選民」因為怕被標籤為種族主義和性別主義者，羞於向調查員承認將會投票給川普，而稱自己還未決定投給誰或會投票給希拉蕊，那完全可以理解；受訪時說會投票給希拉蕊，最後覺得「投不下去」而沒有出來投票的選民，應該也為數不少。這個現象或者可以解釋為何幾乎所有選前民調都無法顯示，作為民主黨票倉的中西部老工業區正在轉向支持川普。

在上兩次選舉投票給歐巴馬，而在這次投票給川普或在選舉日留在家中「被動投川」的選民，肯定不是「白種怒漢」或種族主義者。要理解他們為何支持川普，就要理解過去三十多年美國階級政治的轉變。1970年代，美國和其他西方國家的有組織勞工勢力壯大，成功爭取工資持續增長。工資高增長乃是1970年代通貨膨脹危機的根源，當時很多強大的工會成功爭取工資增長與通膨掛鉤，所以他們並非通膨的最大受害者。但工資高增長卻令企業利潤和放貸者實際利息收入下降，面對這一困境，商界便開始力推自由貿易，讓企業易於到發展中國家投資，並容許發展中國家的產品更容易進入美國本土市場。自由貿易，乃是讓企業從本土有組織勞工解套，到第三世界僱用當地廉價勞動力，再將產品出口然後回到本土市場的板斧。

這是1980年代雷根開始推動全球化的背景。[5]

　　傾向商界的共和黨一直支持自由貿易，而民主黨因為依賴中西部老工業區的工會會員選票，所以一直反對自由貿易，以保護美國工人飯碗不被外國勞工奪去。在1992年總統選舉時，柯林頓便以工人利益代言人的姿態出現，主張NAFTA應加入保障墨西哥勞工權利與工資的條款，更主張在每年更新中國享受的低關稅最惠國待遇時加入人權條款，如中國人權沒有改善，便立刻大幅增加對中國產品的關稅。

　　但柯林頓當選後，即在華爾街和大企業的強力遊說下徹底改變立場，擁抱自由貿易，通過了沒有約束力的NAFTA勞工保障附加條款，並無條件更新中國最惠國待遇，後來還給予中國永久最惠國待遇，幫助其加入WTO。同一時間，英國首相布萊爾帶領的工黨同樣背棄工會工人，擁抱自由貿易，支持歐盟東擴。隨之，東歐、中國和墨西哥同時釋放巨大的廉價勞動力，歐美產業的工序紛紛外移到低工資地區。製造業職位大量流失後，工會在1970年代爭取到的工資增長、福利和保障，瞬間化為烏有。

　　面對收入和地位急速下滑，有組織勞工唯有走上街頭，形成了1990年代末的反全球化運動。那時候，在七大工業國峰

5　Ho-fung Hung and Daniel Thompson,"Money Supply, Class Power, and Inflation: Monetarism Reassessed", *American Sociological Review* 81, no. 3 (2016): 447-66.

會、世界銀行、國際貨幣基金組織的會議場外，總會見到浩浩蕩蕩的反全球化示威。1999年WTO在西雅圖舉行大會期間，以工會成員為骨幹的反全球化街頭抗爭演變成大規模暴力衝突，可說是美國反全球化運動的高峰。但在高峰過後，工會運動因為製造業的全面外移而消沉下來，反對全球化的聲音也逐漸被抑壓。本來站在工會一方反對自由貿易的民主黨，也全面擁抱全球化。2000年代開始，支持自由貿易成了美國民主黨和共和黨的主流觀點。在社會中下階層的傳統產業工人，也就成了沒有政黨代表的孤魂野鬼。

能夠將工序外移的產業均擁抱全球化，至於不能外移的行業如服務業、農業和營造業，則越來越依賴來自發展中國家的合法或非法低工資移民勞工。在大企業的遊說下，歐洲國家大舉放寬東歐、北非、中東國家移民的限制。同時，美國的民主共和兩黨對拉丁美洲非法移民視若無睹，兩黨歷次嘗試啟動的所謂移民改革，主要是要讓無證人士獲得合法居留權甚至公民身份。在早晚能獲得公民身份的預期下，拉美非法偷渡者大增毫不稀奇。

如此這般，曾經是歐美社會中流砥柱的工人階級，在全球化和外國廉價勞工湧入的雙重壓力下，一代比一代更絕望和沒保障，逐漸被主流政客與輿論拋棄。川普的競選工程，就是看準了這一群「有怨無路訴」的選民，激起他們的憤恨情緒。

民主黨初選時曾一度對希拉蕊構成威脅的桑德斯，他的很多競選政綱，包括反對TPP、重訂NAFTA和加強美墨邊境管制，其實與川普的主張十分相似。不同的是，桑德斯以階級政治的左翼語言表述這些政綱，而川普則以「中國人偷了我們工作」、「墨西哥無證人士都是罪犯」、「穆斯林都是恐怖份子」等種族語言來明示或暗示，將工人階級的經濟怨恨與白人至上的身份政治連接。桑德斯在初選中大挫希拉蕊的傳統藍領區密西根州與威斯康辛州，正是希拉蕊在大選時疏於造訪而川普主攻，最後在選舉日從藍轉紅，讓川普勝出的重要州份。由此可見，川普勝選，既有草根白人抵制種族平權與文化多元的反革命元素，也有工人階級反抗新自由主義、不滿全球化長年剝削的革命元素。

不過，革命與反革命元素造就川普當選，並不代表川普政府會實行什麼革命政策或反革命政策。事實上，在其入主白宮後，縱使天天通過社交媒體發表爭議言論的風格令很多人吃不消，但他的主張大多只是共和黨主流建制派一直鼓吹的政策而已。

大選之後：共和黨建制派收服川普

川普當選後，即重用「另右」（Alt-Right，另類右翼）白人民族主義運動主將班農，委任他為白宮首席策略師，還委派他進入由軍方、外交和情報系統高層組成的國家安全委員會。穆斯林地區國民入境禁令便是出自班農的手筆，川普一上任便簽發該禁令，弄得全球震怒、最後被聯邦法官喝停。班農更與一直強烈主張向中國發動貿易戰甚至不惜在南海兵戎相見的納瓦羅聯手推動經濟民族主義議程。川普簽署行政命令讓美國退出TPP，便體現了他們的主張。班農曾在一個訪問中興奮地表示，他將會日以繼夜地致力「解構行政國家」（deconstruct the administrative state），很有毛澤東「將舊國家機器打個稀巴爛」的氣勢。這些豪情壯語，共和黨建制派聽在耳裡便感到害怕。[6]

但川普就任不到三個月，班農便出現失勢的跡象。首先，川普抵不住傳統共和黨人和軍事外交大老的壓力，取消了班農在國安會的席位；同時有人向媒體放風聲，說川普政府內出身自高盛集團的官員，如正副財政部長，已自成一派，與川普的女婿、猶太裔地產商庫許納結盟，推動維持經貿金融全球化的路線，抵制班農的經濟民族主義。後來，更有白宮資深官員向自由派網媒揭露，班農常常在背後罵庫許納是"cuck"。這個詞近年在另右和白人至上主義圈子十分流行，泛指自己的白人妻子與黑人偷情的無能白種男性，帶有極濃厚的種族主義和性別主義色彩，也充分反映了另右份子對自己的性別與種族優越感

6　Philip Rucker and Robert Costa,"Bannon Vows a Daily Fight for 'Deconstruction of the Administrative State'", *Washington Post*, 23 February 2017.

的極度不安全感。當然，班農罵庫許納是"cuck"，也等於在侮辱川普的愛女伊凡卡。這宗新聞恐怕是來自庫許納陣營，目的是令川普痛恨班農並進一步將他邊緣化。這些消息流傳了幾個月後，班農最終在2017年8月下旬被川普開除。

　　班農路線失勢也可從川普的外交作為中看出來，其中一個重要指標當然是中美關係。班農經濟民族主義的其中一個重要主張，就是宣布中國為貨幣操縱國，向中國進口產品徵收高關稅。這個政策在川普上任後被勒住。川普與中國國家主席習近平於2017年4月初在佛羅里達州的海湖莊園會面後，更明言不會將中國列為貨幣操縱國，並會進一步改善中美經濟關係。有趣的是，川普對中國友善，反而令一向不遺餘力推動中美友好、代表美國企業在中國利益的美中商務委員會，在「川習會」前夕發表聲明，提醒川普要更積極爭取美國企業和美國貨品在中國得到公平對待。[7]

　　川普在其他外交領域，亦沒有兌現選舉時強調的不會將資源浪費在干預國際事務的孤立主義路線。2017年4月初，敘利亞政府出動軍用化武攻擊平民，川普即下令美軍戰艦發射戰斧

7　John Frisbie,"Trump and Xi Need to Create a Stronger Framework for US-China Relations", https://tinyurl.com/y85uv57u; William Mauldin,"U.S.-China Trade Tensions Loom over Trump-Xi Summit", 5 April 2017, *The Wall Street Journal*, https://tinyurl.com/2d77wv8p.

飛彈攻擊敍國的政府軍用機場作為懲罰,這個舉動獲得華府建
制派普遍好評。有線電視新聞網(CNN)的資深國際事務評論
員扎卡利亞說,此舉令川普成為真正的美國總統;希拉蕊也表
示,如果她是總統一樣會這樣做。[8]

在北韓問題上,川普似乎比前任強硬,常常威脅要開戰,
但這一立場並非無中生有,而是與近年華府對朝問題思路轉向
有關。他在競選時極少提起北韓,在上任後卻對北韓核問題高
度關注,應該是受到共和黨外交建制團隊的影響。過去二十多
年,美國一直靠爭取中國制裁北韓來制止後者發展核武器,但
北韓還是不斷進行核試,北京一味表現出毫不知情、束手無策
的態度。後來,歐巴馬政府更發現中國國有企業違反聯合國禁
令、積極協助北韓核計劃的證據。這些發展令華府外交建制團
隊開始認為,以中制朝的政策已經失敗,美國始終要直接和強
硬地壓制金氏政權。歐巴馬政府決定在南韓部署薩德反飛彈系
統,川普派遣兩個航空母艦戰鬥群和兩艘核潛艇進入朝鮮半島
海域,兩者之間其實體現了極大的政策連續性。

以上種種,顯示了華府的建制力量,正在將一個以反建制
為號召的新總統拖入建制的軌道。川普在內政上的重點政策,
包括廢除和取代歐巴馬醫改、減稅、減少金融規管等,都與共

---

8 Mark Hensch,"CNN Host: 'Donald Trump Became President' Last Night", 7 April
   2017, https://tinyurl.com/p3473zmt.

和黨主流同步，而且不少都需要在共和黨主導下的國會中通過
立法。川普政府的政策，無論對外對內都很難超越共和黨建制
的框架。

可以說，川普就任一年，華府建制派，特別是共和黨建制
力量已經重新掌控大局。競選時川普宣稱要進行的反建制革命
並無發生，在未來也不大可能會發生。

中美關係惡化是歷史大勢

雖然川普在上任之初沒有兌現競選時的承諾，立刻與中
國撕破臉、向中國發動貿易戰，在措辭上對中國也十分客氣，
但一年下來，中美關係慢慢惡化卻是不爭的事實。川普政府在
2017年11月訪問中國後明確表示，會跟隨歐洲不承認中國的
市場經濟地位，這意味著華府將繼續以威脅提高中國產品的關
稅來與中國展開強硬的討價還價。同時，川普政府批准對台灣
巨額軍售案，美國參議院又通過允許美國軍艦停靠台灣，加上
簽署《台灣旅行法》，打破1979年美台斷交之後的規範。美國
的轟炸機和軍艦飛越或經過南海有爭議空域與海域的情況，更
是愈加頻繁。中美矛盾升溫，已經十分明顯。

然而，中美矛盾升溫並非川普導致，兩國關係的漫長蜜月
期其實在歐巴馬政府後期已經結束。在中國政府大力扶助國企
下，美國企業在中國受到越來越大的歧視和擠壓，再加上工資

上漲、經濟放緩、外匯管制收緊等因素，原本是中國親善大使的美國企業，對中國市場已經沒有像以前一樣熱衷。2017年初，中國美國商會發表會員調查，當中四分之一受訪企業已開始或正計劃撤離中國，三成企業表示中國營商環境正在惡化，八成表示它們已經不再受歡迎。[9]美國企業對中國市場愈加失望甚至憤怒，乃是美國政府更敢於向中國挑起經貿磨擦的底蘊。要評估中美關係會惡化到什麼程度，我們不妨回顧一下過去兩國關係長久和諧的基礎，以及這些基礎現在還是否牢固。

1972年，美國在越南戰爭泥潭中抽身之際，利用中蘇矛盾拉攏中國制衡蘇聯。尼克森訪華前後，美國給予中國各種經濟和政治甜頭，換取中共停止在東南亞輸出革命，並支持赤柬對抗越南，壓制蘇聯通過越南在東南亞擴展地盤的野心。中國幫助美國穩住東南亞，美國便讓北京取得聯合國席位作為回報，並在1979年與台北斷交，改為承認北京。1980年，卡特政府更給予中國最惠國待遇，讓中國產品以最低關稅進入美國市場，打破了不給予共產國家最惠國待遇的通例。雖然當時中國的最惠國待遇要經白宮與國會每年續期，但中國總算加入了由美國主導的「自由世界」貿易體系。沒有這一步，鄧小平的改革開放根本難以開展。

9　AmCham China, "2017 Business Climate Survey Report", https://tinyurl.com/249t5wjn.

1980 年代，美國給予中國最惠國待遇的年度續期只是例行公事，但在八九民運後，美國在野民主黨開始主張中國最惠國待遇續期應與人權狀況掛鉤，反對自由貿易的工會與南方傳統勞動密集型工業的老闆皆支持這個主張。如前所述，在1992 年的總統大選中，柯林頓中國政綱的核心乃是將中國最惠國待遇與人權狀況掛鉤。柯林頓贏得大選後，立即將政綱付諸實踐。1993 年 5 月，他在宣布中國最惠國待遇續期時，加入了與西藏、民運人士、宗教自由等相關的人權條件，並斷言如果這些範疇的人權狀況沒有改善，美國便會在1994 年終止中國的最惠國待遇。

1991 年蘇聯瓦解，1972 年之後美國聯中制蘇的理由已經消失，那時中美貿易佔美國外貿比例很小。中國在 1992 年鄧小平南巡後出現過度投資和經濟過熱，貿易赤字飆升，外匯儲備銳減。副總理朱鎔基在 1993 年表示中國要熬過經濟危機，除了宏觀調控以外，要推動出口導向工業化，打開美國市場至關重要。在中國依靠美國遠大於美國依靠中國、蘇聯和東歐又剛變天的時空下，美國政府忽然以經貿迫人權，對中共帶來的壓力有多巨大，不難想像。

柯林頓的對華政策得到工會、南方工業與民意支持，儘管美國商會組織和大企業持反對態度，但起初也沒有積極遊說。北京見形勢不妙，即展開大量活動拉攏美國大企業，給予它們實際好處或將來可獲巨大利益的期望，請求它們代北京遊說白宮和國會放棄將最惠國待遇與人權狀況掛鉤。例如1993年，北京與美國電話電報公司（AT&T）簽署備忘錄，承諾會開放中國電信市場讓該公司參與。1994年初，國務院副總理鄒家華訪美，拜訪了多家重量級能源公司與飛機製造商，感謝它們支持無條件延續中國最惠國待遇，同時與這些公司簽署巨額訂單，以及開發南海和內蒙古油田、天然氣田的合約。這些企業的業務本來與中美貿易沒有直接關係，但都因為從中國政府獲得利益而積極運用自身的影響力遊說華府；類似的例子還有很多。同一時間，北韓在蘇聯瓦解後全面倒向中國，並決心發展核武器和中遠程飛彈。中國即利用幫助制止北韓發展大殺傷力武器，作為爭取最惠國待遇無條件續期的籌碼。[10]

　　北京一邊拉攏美國大企業，一邊以北韓迫經貿的策略十分成功。1994年，柯林頓政府和國會決定將中國最惠國待遇與人權問題脫鉤，之後的續期便回到1980年代以來例行公事的狀態。中共擺脫了八九民運與蘇聯瓦解後的困局，加上中國對美出口飆升，於是得以一面維持威權統治，一面獲取經濟利益。1999年，柯林頓政府進一步給予中國免續期的永久最惠國待遇，為中國進入WTO掃清最大障礙。

10　James A. Baker III, "China Plays Its China Card: N. Korea or Human Rights?", *Los Angeles Times*, 10 April 1994.

可見，冷戰結束後的中美和諧，建基於北京向美國大企業
讓利以及承諾協助制止北韓發展大殺傷力武器，但這兩個基石
今天已經碎裂。自胡錦濤時代起，中國扶助國企壟斷市場，令
很多當年幫助中國大力遊說華府的美國企業吃虧。例如前述的
電信公司與能源公司，現在都已經被中國大型國企擠到了一邊。

近十年來美國國會多番指責中國操控匯率和傾銷產品，並
威脅立法制裁，其實在背後遊說支持的有很多是大企業，他們
在1990年代曾當中國說客、後來在中國吃了大虧；有學者甚
至將這個現象稱為美國的「反華企業起義」。[11] 2013年後，美國
經濟穩定復甦，邁向能源自足，美元重回升軌，國際資本回流
美國；同時，中國經濟滑坡，於是以美國為市場的出口工業加
速離開中國，在越南、印度、墨西哥等地重建供應鏈。美國對
中國經濟的依存度開始降低，這個變化正在削弱華府親華派的
話語權。另外，時間已經證明，北京不是無意便是無力阻止北
韓發展核武器與中遠程飛彈。正如前述，歐巴馬政府在卸任前
更公布中國東北企業違反國際制裁、暗助北韓核計劃的詳情。

1990年代維持中美關係和諧的因素現已消失，兩國關係
惡化已成定勢。美國外交建制團隊內的親華派勢力正在消退，

---

11 Samuel Wagreich,"Lobbying by Proxy: A Study of China's Lobbying Practices in
the United States, 1979-2010 and the Implications for FARA", *Journal of Politics and
Society* 24, no. 1 (2013): 150.

對中國不那麼友善的觀點正變得越來越有影響力。原本被稱為「熊貓擁抱者」的外交大老，近年對中國也變得不友善，當中的表表者莫過於情報系統大老白邦瑞。

外交體系大老從親華到反華的轉變

白邦瑞在1960年代出道以來，在美國中央情報局（CIA）、國務院、國防部從事與中國有關的情報與政策制訂工作。他操流利中文，初出茅廬時已是CIA情報員，在尼克森、卡特、雷根、老布希政府任職，公開的官職包括國防部政策規劃助理次長、國防部長辦公室亞洲事務特別助理等。至於不公開的中國情報工作，為他贏得了CIA局長特別傑出表現獎。更重要的是，他是美國自尼克森時代起聯合中國對付蘇聯政策的主要制訂者。他在1970年代撰寫的主張中美建立秘密軍情合作關係的報告，曾獲季辛吉和尼克森公開稱讚。白邦瑞乃是美國共和黨系統內位高權重的著名親華派。

然而，像白邦瑞這樣一個背景資深的外交、情報人員，在2015年竟然出版了一本名為《百年馬拉松：中國稱霸全球的秘密戰略》的專著，[12]嚴正宣示：我們這些親華派徹底錯了。他說，中共一直把美國當作敵人，一直在部署擊倒美國，但裝成一個善良地與美國合作、沒什麼野心的弱小國家。美國現在才發現中國的長期野心與戰略，可能已經太遲。白邦瑞的中國

威脅論，之前已有很多人說過，再說一次本來並無新意，特別
之處是由他這樣有份量的大老說出來。該書剛出版時，共和黨
著名公關、前副總統錢尼的新聞秘書格洛弗在她家為作者辦了
一個新書發表會，冠蓋雲集。該書一面世，各大媒體都爭相報
導。大家都問：這本書是不是代表了華府對華外交思維的重大
逆轉？

《百年馬拉松》的內容，主要來自各種解密情報文件，以及
多年來白邦瑞與中共變節者的秘密訪談等。例如1990年代初，
美國接收了兩名來自中共高層的變節者「白先生」和「綠小姐」。
白先生提供的情報指出，中共的反美鷹派已在黨內鬥爭中勝出，
這派系將向年輕人大搞仇美愛國教育，並準備利用儒家思想來
鞏固威權統治。他告訴作者，中共並無誠意走向真正的市場經
濟，更遑論政治的自由化和民主化。然而，綠小姐告訴作者，
中共現在是改革派當道，領導層都在努力以美國為師，將中國
經濟改革成美國的模樣，政治改革便會隨之自然出現。

鑒於1990年代華府一直幫助中共建設經濟和進入WTO，
華府高層都選擇相信綠小姐提供的情報。綠小姐在美國定居
後，仍不時回中國，並帶來中國正努力推動全面西化和開放的
新情報。但2003年綠小姐被駐中國的CIA人員揭發是雙重間

---

12 Michael Pillsbury, *The Hundred-Year Marathon: China's Secret Strategy to Replace America as the Global Superpower* (New York: Henry Holt and Co., 2015).

諜，並被FBI逮捕。之後中國的發展情勢證明，白先生當年提供的情報才是準確的。

白邦瑞通過這兩個變節者的故事，說明中共無時無刻不故意提供錯誤情報給美國，讓其產生幻想，以為中國對美友善又有決心改革。他警告，過去幾十年中共操弄世界對中國的印象，令西方減低對中國的戒心，積極幫助中國，包括秘密向中國輸出各種敏感技術和情報，讓中國的經濟和軍事實力高速增長。現在中共判斷自身實力已足，時機已成熟，開始積極出擊，改變亞太區既有秩序，挑戰美國在亞太區內的影響力。作者因此敦促華府及早放棄幻想，將中國視為競爭對手，而不是合作對象。

以上判斷基於作者聲稱自己一直接觸到的秘密供詞與文件，讀者自然無法證實。但在歐巴馬時代的很多美國外交政策主事者，看來已經相信有關觀點。《百年馬拉松》一書長期踞於暢銷書排行榜高位，得到很多資深外交專家在各大報刊大力推薦。白邦瑞的論點，無論是否準確、合理，都正在影響並反映了美國外交體系的對華思維。影響中美關係發展的，並非川普在社交媒體飄忽不定的對中國的評論，而是華府外交體系的這種深層思維轉化。閱讀該書並掌握其觀點，乃是理解川普政府對華政策的一條重要線索。

小結

　　川普當選，代表了美國「白種怒漢」對過去幾十年種族平權的反抗，也代表了美國勞工階級對三十年來全球化的反擊。從這個意義來說，川普施政體現了時代的斷裂。川普執政以後，政府內最能代表斷裂力量的班農被邊緣化，最後被開除，共和黨建制派全面控制了白宮議程；就算是最能表現出與過往傳統決裂的對華決策強硬化，也不過是近年共和民主兩黨對華思維轉變的體現。從這個角度看，川普施政體現了時代的延續。在斷裂與延續之間，延續暫時佔了上風。但兩者之間的拉鋸仍未結束，未來的發展如何，肯定還會好戲連場。

附錄二
打壓勞工，賦權中國[1]

　　儘管美國在2020年的疫情封鎖令許多工人失業，但是靠著政府舉債以及史無前例的貨幣擴張所點燃的大規模財政刺激，提供補助金與高額失業救濟金讓數百萬美國人得利。2020年，美國聯邦開支成長50%，使得赤字佔GDP的比重創下1945年以來的歷史新高，[2]廣義的貨幣供應（M2）增加26%，也是1943年以來的最大年度增幅。[3]這種財政和貨幣擴張避免了消費崩盤。美國家庭消費在2020年春初步下滑後，逐漸反彈，而且在第三季增長超過40%。

亞馬遜症候群

　　消費起飛，使得網路零售商成為財政和貨幣刺激措施的

1　本文譯自 "Repressing Labor, Empowering China." *Phenomenal World*, July 2, 2021. https://tinyurl.com/3en2uu9h.

2　Kate Davidson. 2020. "U.S. Budget Gap Tripled to Record $3.1 Trillion in Fiscal 2020, Treasury Says." *Wall Street Journal*, October 16. https://tinyurl.com/3yctntas.

3　John Greenwood and Steve H. Hanke. 2021. "The Money Boom Is Already Here." *Wall Street Journal*, February 21. https://tinyurl.com/yc7d66ua.

最大受益者。全球最大、最賺錢的公司之一亞馬遜於疫情期間獲利飆升，2020年的公司營收和淨利潤分別成長了38%和84%。[4] 同一時間，亞馬遜員工的平均薪資增幅只有6%，其中包括獎金以及額外的危險加給。[5] 兩者之間的落差，反映出貨幣和財政擴張的好處在資方和勞工之間實際分配的情況。由於亞馬遜倉庫工會化運動的挫敗，我們預期勞資之間的落差會持續存在甚至是變本加厲。

　　亞馬遜的事情不僅僅是勞資之間的問題，更是國際政治經濟的問題。以商品總價值來估算，亞馬遜40%的銷售額直接來自中國賣家。[6] 2020年疫情期間，亞馬遜網站75%的新賣家來自中國。[7] 亞馬遜積極招募中國賣家，把商品直接賣給亞馬遜的消費者，儘管外界擔心這樣做會使該網站販賣更多貼錯標籤、仿冒以及不安全的產品。[8]

　　疫情之下，美國整體貿易逆差以及對華貿易逆差創歷史新

4　Shelley E. Kohan. 2021. "Amazon's Net Profit Soars 84% With Sales Hitting $386 Billion." *Forbes*, February 2. https://tinyurl.com/2x8aannm.

5　Molly Kinder, Laura Stateler, and Julia Du. "Windfall Profits and Deadly Risks ." Brookings Institution, November 20. https://tinyurl.com/yvacxd4r.

6　Juozas Kaziukėnas. 2020. "Amazon Marketplace is Not International Except for China." Marketplace Pulse, September 22. https://tinyurl.com/yu4mqblf.

7　Juozas Kaziukėnas. 2021. "75% of New Sellers on Amazon Are From China." Marketplace Pulse, January 19. https://tinyurl.com/ylppehed.

8　Jon Emont. 2019. "Amazon's Heavy Recruitment of Chinese Sellers Puts Consumers at Risk." *Wall Street Journal*, November 11. https://tinyurl.com/wmoy2qb.

高[9]絕非偶然，儘管中美之間正在貿易戰。疫情期間擴大從中國採購的零售商，並非僅有亞馬遜一家。中國電器出口商看到來自美國和世界各地的訂單激增，使得他們應接不暇。[10]因此，2020年財政刺激政策所帶來的消費支出中，很大一部分購買了中國製的產品；這只不過是讓早在疫情前就已經啟動的趨勢加快。在亞馬遜之前，沃爾瑪超市已顯示出同樣的變化，美國政府支持消費支出所帶來的流動性，主要的得利者是美國的企業還有中國的出口廠，而非美國的工人。

　　眼見情勢變化至此，最近在討論大規模財政與貨幣擴張是否造成高通膨，其實劃錯了重點。正如我們所知，貨幣主義在經濟學說中的主導地位早已不存在。但啟人疑竇的是，許多公共知識份子和政策制定者仍然停留在貨幣主義的預設：財政支出和貨幣供應增長將導致通膨失控。弗里德曼的主張仍然籠罩著我們：「通貨膨脹不論在何時何地皆為一種貨幣現象，通貨膨脹現象出現，就是（也只是）因為貨幣數量的增長速度超過產出的速度。」當桑默斯批評拜登1.9兆美元的經濟刺激是「過去四十年來最不負責任的經濟政策」，正呼應了弗里德曼

9　Robert E. Scott. 2021. "U.S. Trade Deficit Hits Record High in 2020." Economic Policy Institute, February 10. https://tinyurl.com/ynadnokg.

10　Cissy Zhou. 2021. "China's Home Appliance Manufacturers Left Cursing Export Orders as Costs Rise, Profits Vanish Amid Yuan Rally." *South China Morning Post*, January 7. https://tinyurl.com/yy6f7azb.

的說法，他認為這樣做只會觸發「我們這一代不曾見過的」通膨。[11]但是，2004年《經濟學人》曾以70年代十分流行的厚底鞋為封面並配上標題「(通膨)回到1970年代？」，弗格森也在2011年預測兩位數的「2010年代大通膨」，[12]這些說法經不起時間的考驗，而我們沒有理由相信桑默斯的警告就會歷久不衰。

　　面對經濟現實與貨幣主義正統之間的落差，我們不應怪罪現實，而應該挑戰正統。2017年，時任美聯儲主席葉倫在政策會議上花了兩天辯論貨幣供給充沛下低通膨的「奧秘」，[13]之後她承認自己與同事「可能已經誤判……驅動通膨的根本力量。」[14] 2017年，全球央行行長在華盛頓召開的國際貨幣基金組織(IMF)年會上，熱烈討論發達國家巨額政府赤字和便宜的貸款下，低通膨竟然堅定不移。IMF在會議前發表的《世界經濟展望》(*World Economic Outlook*)指出：「已開發國家持續的低通膨……加深發達國家中期經濟增長前景的下行風險」，因而

11 Jonathan Easley. 2021. "Key Ex-Obama Adviser Says Biden Stimulus Is Too Big." *The Hill*, February 5. https://tinyurl.com/yspv4wbu; Jordan Williams. 2021. "Larry Summers Blasts $1.9 T Stimulus as 'Least Responsible' Economic Policy in 40 Years." *The Hill*, March 20. https://tinyurl.com/ynopshsg.

12 Niall Ferguson. 2011. "The Great Inflation of the 2010s." *Newsweek*, May 1. https://tinyurl.com/ypxxvmqp.

13 Federal Reserve Board. 2017. "Transcript of Chair Yellen's Press Conference September 20, 2017." https://tinyurl.com/yod3wd39.

14 CBS News. 2017. "Yellen: Fed Perplexed by Chronically Low Inflation." September 26.https://tinyurl.com/yb8j7c5h.

對全球經濟構成重大風險。IMF研究主管奧布費爾德在發表報告的記者會上呼應葉倫，進一步提到如此低的通貨膨脹率「令人費解」。[15]

通膨的勞動理論

我們毋須發明一套更好的理論來解釋近年來並未出現通貨膨脹這個「令人費解」的現象。在1960年代和1970年代貨幣主義正統大行其道之前，許多社會科學家都贊同通貨膨脹的勞動理論，根據該理論的說法，通貨膨脹的最重要的原因是強大的工會不斷要求工資上漲。馬克斯主義者羅索恩、[16]韋伯學派的戈德索普，[17]還有中間派與保守派，都認同這個說法。正如1970年OECD的報告所述，富裕國家的高通膨一般是理解為「薪資物價螺旋上升」的問題。[18]有組織的工人集中權力，表示他們可以要求加薪，然後企業再試著把提高的成本轉嫁給消費者來克服。不斷上漲的消費者物價會造成工人索求更高的薪

15 IMF. 2017. "Transcript of the Press Conference on the Release of the October 2017 World Economic Outlook." https://tinyurl.com/ymkcgtn7.

16 Robert Rowthorn. 1977. "Conflict, Inflation and Money." *Cambridge Journal of Economics*. Vol. 1, No. 3, 215–239. https://doi.org/10.1093/oxfordjournals.cje.a035360.

17 John. H, Goldthorpe. 1978. "The Current Inflation: Towards a Sociological Account." in Fred Hirsch and John H. Goldthorpe, eds., *The Political Economy of Inflation*. London: Martin Robertson, 186-213.

18 OECD. 1970. "Inflation: The Present Problem, Report by the Secretary General."

水，不斷反覆之後就形成一個令人不悅的價格上漲循環。為了緩解通膨的壓力，美國商會之前的研究顯示：「必須要消除工會壟斷……（和）強制性工會主義（compulsory unionism）」——換句話說，必須粉碎美國新政後勞資關係的基本框架。[19]

1970年，美國新右派之父戈德華特宣稱，「工會工資增長的程度越來越高」是「當前物價上漲的根源」。[20]他甚至表示弗里德曼貨幣學派的通貨膨脹理論可說是自由派為工會工人脫罪之詞，淡化了「工會訴求在推動生產成本增加與價格螺旋上升所扮演的重要角色。」[21]

一度在左派與右派都相當盛行的通貨膨脹勞動理論，到底變成了什麼樣子？基本上，弗里德曼貨幣學派的解釋使得這套理論黯然失色。1979年10月，美聯儲主席沃爾克宣布自己要轉投貨幣學派陣營。實務上，這表示美聯儲將藉由限制貨幣供給的增長（而不是針對利率）來對抗通貨膨脹。美聯儲1980年代初之前在遏制通貨膨脹方面取得的顯著成效，似乎肯定了貨幣學派的力量。但歷史研究顯示，美聯儲對於貨幣學派的擁護，不只是分析上的判斷，其中亦有政治因素。[22]

---

19 Chamber of Commerce of the United States. 1960. "Inflation, Unions, and Wage Policy: Report."

20 Chicago Tribune. 1970. "Unions Spark Rising Prices, Barry Charges: Productivity Not Equal to Wages, He Argues." *Chicago Tribune*, January 15.

21 Barry Goldwater. 1970. "Big Wage Boosts Spur Inflation." *Los Angeles Times*, January 18.

　　湯普森和我在2016年發表的一篇論文中，檢證通貨膨脹的勞動理論和貨幣學派的解釋力。[23] 我們使用1960年至2009年二十三個OECD國家的數據，發現勞工的力量——以勞動佔GDP的比重、失業率或工會密度來衡量——對於通貨膨脹率的影響，要比貨幣供給成長率的影響大得多。即使簡單看一下大多數OECD國家在此期間通貨膨脹率變化的曲線，就會發現這條曲線與勞動力變化的吻合度，更勝與貨幣供應量變化的吻合度。[24] 沃爾克本人對此並不會感到驚訝。即使美聯儲官員以技術及貨幣學派的術語向民眾公開說明，他們私底下也沉迷於研究勞資關係和集體談判如何助長通貨膨脹。[25] 貨幣緊縮是一種手段，用來引發經濟衰退，迫使工會克制其工資訴求。

　　貨幣緊縮只是雷根政府用來打擊工會的工具之一。1981年，雷根動用國家暴力鎮壓工會，解雇11,000名罷工的機場塔台人員，將帶頭的領袖送進大牢，還取消他們工會的資格。[26]

22 Greta R. Krippner. 2011. *Capitalizing on Crisis*. Cambridge, MA: Harvard University Press.

23 Ho-fung Hung and Daniel Thompson. 2016. "Money Supply, Class Power, and Inflation: Monetarism Reassessed." *American Sociological Review*. Vol. 81, No. 3, 447–466. https://doi.org/10.1177/0003122416639609.

24 https://tinyurl.com/yv8wmtqd.

25 Michael A. McCarthy. 2016. "The Monetary Hawks." *Jacobin*, August 3. https://tinyurl.com/yrgdlwkx.

26 Joseph A. McCartin. 2011. *Collision Course Ronald Reagan, the Air Traffic Controllers, and the Strike that Changed America*. New York: Oxford University Press.

沃爾克說擊敗塔台人員工會PATCO是「政府對抗通膨最重要的行動之一」，[27] 如此一來事情已經很明白了。統計數據也顯示出勞工確實受到打擊。工會密度（加入公會的比例）從1950年代33%的最高值，下降到現在低於10%。工會的衰落以及來自低工資國家的競爭加劇，的確降低工資增長，以及伴隨而來的通貨膨脹。由於工資受到強力打壓，從1979年到2018年，工人的時薪僅提高11.6%，而同期生產力提高69.6%。[28] 這與1948到1979年工會更強大的年代形成鮮明對比，當時薪資增加93.2%，生產力提高108.1%，兩者幾乎一致。

既然證據不利於貨幣學派，為什麼這項理論還可以持續至今？對於削減工會權力一事，弗里德曼的理論能為其消毒與去政治化，把它描述為央行官員戮力於穩定價格而做的技術官僚調整。雖然貨幣學派在學術界已退燒許久，對於目前的右派來說，貨幣學派正統依然是一套相當有吸引力的修辭工具。

便宜貨幣流向華爾街與中國

若我們重振通貨膨脹的勞動解釋，便能夠理解為什麼在2001年至2019年的財政與貨幣大幅擴張期間還會有所謂的長

---

27 Tim Barker. 2019. "Other People's Blood." *N+1*. No. 34. https://tinyurl.com/ywkx2n2z.

28 https://www.epi.org/productivity-pay-gap/

期低通貨膨脹，也可以讓我們看清美中經濟宿命般的相互依賴。由於工人談判權力受限，即使失業率低，貨幣的擴張也不再有助於薪資與物價的螺旋上升。雖然便宜的貸款現在未帶來薪資的成長，但它確實流入金融市場，吹大資產泡沫並刺激舉債消費。對美國勞工的攻擊也正好與低工資國家（尤其是中國）的生產力全球擴張同時發生。同一時間，美國的消費是靠著個人債務擴張與廉價進口得到支撐。當中國在 2001 年加入世界貿易組織之後，基本上也就成為世界的工廠。中國工廠憑藉著一支守規矩、低薪且不受獨立工會保護的農民工大軍，僅用相當於美國成本的一小部分就製造出各種消費品。對於美國工人來說，價格低廉的進口品，造成美國製造業於 2001 年至 2018 年之間流失 200 萬至 370 萬個工作機會。[29]

中國生產與美國舉債消費之間的聯繫，也可以看作是一組金融資金的流動。美國聯邦儲備銀行印製的大量便宜貨幣，流入中國外匯存底，主要以美元來計價。不斷膨脹的外匯存底使中國人民銀行能夠為人民幣創造相應的流動性，推動國內經

29 Daron Acemoglu, David Autor, David Dorn, Gordon H. Hanson, and Brendan Price. 2016. "Import Competition and the Great U.S. Employment Sag of the 2000s." *Journal of Labor Economics*. Vol. 34, No. S1, S141–98; Robert E. Scott and Zane Mokhiber. 2020. "Growing China Trade Defi-cit Cost 3.7 Million American Jobs Between 2001 and 2018."Economic Policy Institute Report, January 30. https://tinyurl.com/yyjmvb8w.

濟成長。這種情況和美國如出一轍，新的流動性加劇先前存在的部門失衡以及勞資之間的不平等。人民幣流動性最終點燃地方政府和國有企業的投資，他們享有得天獨厚且不受限制的管道，由國有銀行借到便宜的貸款。工人與農民受益最少。因此，整個中國榮景期間，每一戶可支配的家庭所得還有每一戶的消費支出，遠低於人均GDP的成長。[30]截至2018年，中國人均GDP為64,644元，達到人均家庭可支配所得28,228元的兩倍之多。企業利潤和政府收入足以說明這兩個數字之間的差距。

　　全球美元供應激增，加劇不平衡和不平等，其中一個後果就是家庭消費增長相對緩慢及工業產能過剩。中國回應挑戰的方式就是把過剩產能出口到海外，並利用2013年開展的「一帶一路倡議」加速進行。北京一直透過發展貸款將大部分外匯存底導向發展中國家，貸款主要也以美元來計價。貸款的條件相當模糊，但有研究發現，一帶一路的工程中有近九成的承包商都是中國企業。[31]由於許多接受貸款的國家反對向中國借錢，也擔心一帶一路各種計畫的可行性，中國的資本出口從2016年之後就開始倒退。[32]但是，隨著北京加大貨幣刺激的力道，

---

30 Ho-fung Hung. 2016. *The China Boom: Why China Will Not Rule the World*. New York: Columbia University Press.

31 Jonathan E. Hillman. 2018. "China's Belt and Road Initiative: Five Years Later." CSIS Report, January 25. https://tinyurl.com/yvshak9e.

拯救疫情之後的經濟，債務還有產能過剩再度飆升，[33] 中國的資本輸出在未來幾年很可能又是一條活龍。

對於在新興市場活躍的美國公司來說，中國的資本輸出代表巨大的競爭壓力。[34] 1990年代和2000年代之間，美國跨國企業基於對中國擴張的實際或預期利益的驅使，充當北京在華盛頓的代理說客。[35] 他們努力確保美中關係友好，並阻撓任何對中國帶有敵意的政策。今天，許多美國公司仍然靠著與中國的買賣賺錢，但越來越多的公司現在把中國的同業視為全球市場上的競爭對手。[36] 近年來，中國政府支持中國企業，帶來的競爭越演越烈，使得美國企業不再熱衷於舒緩華府惹惱北京的行動。[37]

32 James Kynge and Johnathan Wheatley. 2020. "China Pulls Back from the World: Rethinking Xi's 'Project of the Century'." *Financial Times*, December 12. https://tinyurl.com/y68qvbkz.

33 Evelyn Cheng. 2020. "China Is Open to Taking on More Debt if That's What It Takes to Sup-port the Economy." *CNBC*, October 15. https://tinyurl.com/y4fd8hb4.

34 Inside US Trade. 2011. "FTA Supporters Say U.S. Firms Losing out to China in Co-lombian Market," February 22. https://bit.ly/3CEgbJM.

35 Ho-fung Hung. 2020. "The Periphery in the Making of Globalization: The China Lobby and the Reversal of Clinton's China Trade Policy, 1993–1994." *Review of International Political Economy*. Vol. 28, No. 4, 1004–27. https://doi.org/10.1080/0969 2290.2020.1749105.

36 Ho-fung Hung. 2020. "The US-China Rivalry Is About Capitalist Competition." *Jacobin*, July 11. https://tinyurl.com/yrwg3559.

帝國間的對抗與補救

1980年代以來，便宜的貸款再加上明顯剝奪勞工的權力，造成金融泡沫與國內的不平等。這也加劇地緣政治間的緊張局勢。中國撒出的發展貸款以及資本輸出，使得北京犧牲華府，擴大自己在發展中國家的勢力範圍。中國的慷慨使得美國昔日盟友在各種對抗意味濃厚的地緣政治問題上轉向北京，並為伊朗和俄羅斯等受到國際制裁的政權提供喘息的空間。因此，敵視美國的威權主義集團在世界舞台上變得越來越強大。由此引發大國間敵對狀態的激化，有如二十世紀之交德意志帝國的崛起引發帝國間的競爭，當時的德意志還是一個後發的資本主義強權，帝國對未開發地區的貸款和投資，造成它與英法等老牌強權出現對抗。[38] 這就像當代中國面對的局勢，威廉德國的特色在於國內分配存在很深的衝突，德國社會民主黨的快速成長就是明證。1914年和今天一樣，全球局勢劍拔弩張的同時，卻有一個信念在蠱惑人心，即是各國經濟相互依存，不可能爆發大戰。[39]

---

37 Samuel Wagreich. 2013. "Lobbying by Proxy: A Study of China's Lobbying Practices in the United States 1979–2010 and the Implications for FARA." *Journal of Politics & Society*. Vol. 24, 130–159. https://doi.org/10.7916/D8S75D9G.

38 https://www.phenomenalworld.org/phenomenal-works/ho-fung-hung#ho-fung-hung

39 Norman Angell. 1913. *The Great Illusion*. New York and London: G.P. Putnam's sons.

　　早在疫情導致全球經濟長期衰退之前，各國央行即已擔心低通膨會抑制增長和投資。全球金融危機與接下來幾年經濟不見復甦，他們當然要設法讓經濟重新膨脹。但即使中央銀行重新思索通膨的優點，也未能掌握問題的根源：1980年代以來勞工權力遭嚴重剝奪。疫情爆發之前，美國的工資與薪水占GDP的比重已滑落到歷史新低（2019年略高於40%）。華府的民主黨人正擬定計劃，打算讓主要的製造業回流到美國本土、重建美國基礎設施、支持工人加入工會並奉行以工人為本的貿易政策，把勞動及薪資標準納入貿易協定。一旦成功，薪水和物價的健康增長可以帶來更為永續的經濟擴張，而不用追求無止境的貨幣增長。終結便宜的貸款不僅會抑制金融泡沫和減少不平等，而且有助於舒緩因全球美元供應過剩而越演越越烈的國際緊張局勢。

　　民主黨重新賦予勞工權力的舉措令人欽佩。但並無任何跡象顯示，1980年代的挫敗可以輕易反轉。亞馬遜倉庫工人工會的失敗，以及提高聯邦最低薪資的努力前功盡棄，再再提醒我們勞工的地位因封鎖和大規模裁員而岌岌可危。儘管最近人們害怕通膨捲土重來，但迄今為止，任何物價上漲似乎都是暫時的，並且與具體的困境有關，而非階級力量的轉移。即使階級力量轉移，工人權力重新抬頭的政治後果仍然不甚明確。最近一項研究顯示，若要重新賦予勞工權力，並把通膨率推高至健康水準，拜登政府必須讓薪水增加的速度快於生產力和物價增長速度，並且持續一段時間。[40] 這勢必引發加息和金融資產通縮，引發華爾街和有錢人在政治上的強烈反抗。

中國的再分配還有一大段路要走，才能緩和全球緊張的局勢。中國第三次再分配對應的是美國的「新新政」，讓薪水與家戶消費增加的幅度大於資本積累。這會抑制中國輸出資本的衝動，並且阻止晚期帝國主義與老牌帝國之間迫在眼前的衝突。但黨國資本主義精英壟斷權力，[41] 使得中國第三次再分配的難度不亞於美國。[42] 一直到太平洋兩岸的再平衡及改革獲得突破前，全世界的國際政治將會和一個世紀之前一樣，繼續走在一條帝國之間對立的鋼索上。要想重振世界經濟，且不觸及大國之間敏感的衝突神經，將會是一場異常艱苦的戰鬥。[43]

---

40 Lance Taylor and Nelson H. Barbosa-Filho. 2021. "Inflation? It's Import Prices and the Labor Share!" Working Paper, Institute for New Economic Thinking. https://doi.org/10.36687/inetwp145.

41 Margaret Pearson, Meg Rithmire, and Kellee Tsai. 2020. "Party-State Capitalism in China." Working Paper, Harvard Business School.

42 https://twitter.com/M_C_Klein/status/1392918014610214914

43 Ho-fung Hung. 2020. "The US-China Rivalry Is About Capitalist Competition." *Jacobin*, July 11. https://tinyurl.com/yrwg3559.

附錄三
成長之城 [1]

中國房地產公司恆大集團的危機延燒，使得這家房產巨人成為全球注目的焦點。恆大在中國境內與境外的債權人、投資者、承包商、客戶和員工，焦急地看著中國政府是否會認為恆大是大到不能倒。假如恆大真的倒閉，對於金融體系和建築供應鏈的影響將無法預測。據報導，北京的中央政府已經警告地方政府，要為倒閉帶來的社會和政治後果做好準備。[2]

即使恆大在政府干預下獲救，中國政府也還是要面對新的難題。恆大只是諸多有潛在違約風險的房地產開發公司之一。[3]隨著中國房價下跌，危機已蔓延至佳兆業等其他房地產開發商。[4]美國聯邦儲備銀行就清楚警告，中國的房地產危機可能

---

1 本文譯自 "Growth Towns." *Phenomenal World*, November 12, 2021. https://tinyurl.com/spbd6m4f.

2 Keith Zhai. 2021. "China Makes Preparations for Evergrande's Demise." *Wall Street Journal*, September 23. https://tinyurl.com/ygh9vrvf.

3 Sandy Li. 2021. "Sunac's Unit Faces Cash Flow Woes as It Fails to Collect Sales Proceeds." *South China Morning Post*, September 27. https://tinyurl.com/yowcjyub.

波及美國和全球經濟。[5]

　　恆大和中國龐大房產部門的危機，體現中國增長模式的
風險。這種模式的限制見諸全國各地空蕩蕩的鬼城。[6]據估計，
中國無人住居的公寓可以容納法國、德國、義大利、英國或加
拿大的全部人口。[7]這樣的發展模式為何能維持如此長的高速增
長，又為何在現在失敗？要了解當前的危機，我們需要了解房
地產——以及更廣義的固定資產投資——如何牽動中國和全球
經濟的變化。

中國繁榮的終結

　　從1990年代中期到2008年，中國的出口部門崛起，成為
動能和獲利能力的強大引擎。受到全球需求的推動，再加上私
營公司和外資企業的主導，出口部門積累大量外匯存底，也就
成為中國共產黨控制的金融體系信貸大幅擴張的貨幣基礎。外

4　Alexandra Stevenson and Joy Dong. 2021. "China Evergrande Troubles Spread Through Property Sector." *New York Times*, November 9. https://tinyurl.com/yzg-w4w3y.

5　Michelle Toh. 2021. "Fed Warns China's Property Problems Could Hurt Global Markets and the US Economy." *CNN*, November 9. https://tinyurl.com/y9edpp9o.

6　Dominique Fong. 2018. "China's Ghost Towns Haunt Its Economy." *Wall Street Journal*, June 15. https://tinyurl.com/yns43qmn.

7　James Kynge and Sun Yu. 2021. "Evergrande and the End of China's 'Build, Build, Build' Model." *Financial Times*, September 21. https://tinyurl.com/yfp7egx5.

匯存底的增長使得中國國有銀行能夠擴大本國貨幣的流動性，而不會像其他發展中國家進行擴張試驗時，受到貨幣貶值和資本外逃的困擾。大部分新增貸款流向政商關係緊密的企業，他們往往把借來的錢投資在基礎建設、房地產、鋼鐵廠和燃煤電廠等基礎設施。

正如凱恩斯所說，同一條路線蓋兩條鐵路的好處並不等於一條鐵路的兩倍。[8]中國許多債務融資的固定投資都顯得多餘而且無利可圖。自1990年代後期以來，中共內部領導人就對負債和產能過剩發出警告。他們提出的解決方案之一是金融自由化：[9]如果允許貨幣自由流動，尋求高利率，效率不佳的企業會發現自己拿不到保命的便宜信貸。但黨國精英的一些派系將無利可圖和過度擴張的部門視為潛在的搖錢樹和地盤（quasi-fiefdoms），[10]故此改革從未獲得動力。

2008至2009年的全球金融危機首度衝擊中國長期以來的出口導向型增長。為了應對全球需求瓦解，中國政府推出侵略

---

8   Bai Yujie and Lu Yutong. 2021. "China Looks to Slow Growth of Struggling High-Speed Rail." *Nikkei Asia*, April 1. https://tinyurl.com/ykrsaaoa.

9   Yu Yongding. 2015. "China's Financial Instability and Recent Turbulence." Lecture presented at the Peterson Institute for International Economics, September 29. https://tinyurl.com/ylpy48x6.

10 Foster, Peter. 2010. "WikiLeaks: China's Politburo a Cabal of Business Empires." *The Telegraph*, December 6. https://bit.ly/3qTh5zT.

性的貨幣刺激措施，也得到了成功。由於史上最大規模的固定
資產債務融資投資，經濟從金融危機中強力反彈。但隨著出口
引擎停滯，國有銀行投資信貸的雙重擴張不再與外匯儲備的擴
張相符，也就帶來巨大的債務泡沫。從2008年到2017年底，
中國未償債務從GDP的148%飆升到250%以上。2020年的新
冠肺炎使得新貸款遽增，有人估計債務與GDP的比例已推高
至330%以上。[11]大部分債務都按照慣例投入資助新房、燃煤電
廠、鋼鐵廠和基礎設施項目。由於大多數人鮮少消費他們最終
的產出，新投資只會帶來更多無利潤的過剩產能。如圖13所
示，2009至2010年反彈之後，私營和國有企業的獲利能力繼
續全面下滑。

　　利潤下降加劇負債產能過剩的問題。公司要獲利才會有
現金流，用來償還債務和貸款。中國的投報下滑也埋下一顆債
務的不定時炸彈：一旦違約會發生什麼事？中共經濟部門的官
員已經耗盡債務融資刺激投資的空間。在此同時，出口部門的
增長仍低於2008年之前的水準。為了尋找新的擴張引擎，北
京呼籲從固定投資轉向國內的民間消費。2001年中國加入世
貿組織後，民間消費總量確實迅速攀升，但增長速度始終趕不
上投資的擴張（見圖14）。消費份額增長不如預期，乃是不平

11　Institute of International Finance. 2020. "Global Debt Monitor: Sharp Spike in Debt
　　Ratios." July 16. https://bit.ly/3HFeU8U.

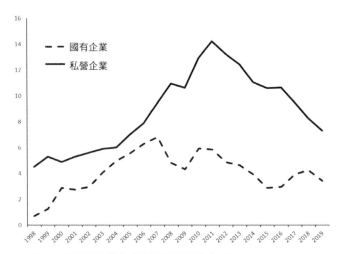

圖13　國有與私營企業的資產利潤比（%）

來源：National Bureau of Statistics of China (n.d.).

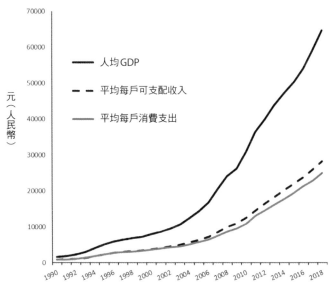

圖14　人均GDP、每戶收入、每戶消費

來源：China Statistical Yeakbook

等加劇的後果。在出口繁榮的這一段長時間內，家庭平均收入的增長速度還是遠低於整體經濟增長速度。這也就表示經濟體的新收入大部分流向政府和企業，而不是成為員工的工資和薪水。盈餘並未增加消費，而是被重新投入到更多的投資，使得產能進一步過剩。

早在2008年之前，就已經有人提出再平衡（rebalancing）的建議。若是消費在經濟中所佔份額提升，就會帶來新的需求，如此可以吸收過剩產能，並增加企業的銷售額。然而，由於黨國精英壟斷權力，落實民間消費再平衡所需的所得分配，說起來容易做起來難。12

這些難解的問題使中國發展到下一個階段。2015至2016年，股市崩盤和資本外逃使人民幣大幅貶值。到了2016年，經濟已經趨穩，但靠的是重新縮緊對資本的控制。金融體系也向經濟注入好幾輪信貸以維持經濟的動能。有一個現象讓我們看出普遍的金融脆弱性，那就是許多貸款都是以債養債，而不是為了新的生產或消費提供資金。

中國經濟僵局表現出來就是製造業的停滯，以製造業活動的主要指標，製造業採購經理人指數（PMI）為例，如果PMI高於50表示擴張，低於50表示緊縮。圖15的右側軸顯示PMI

---

12 World Policy Journal. 2016. "Talking Policy: Ho-Fung Hung on China." January 29. https://tinyurl.com/555hjtzd.

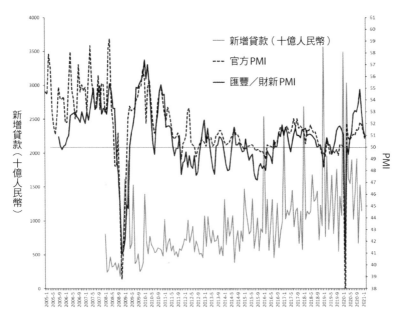

圖15　PMI和每月新增貸款，2005–21

來源：Bureau of National Statistics of China; HSBC/Caixin

在50（停滯水平）附近徘徊十年，左邊的軸顯示新貸款的總量。比較新增貸款數和製造業指數，我們可以看出貸款刺激的效果逐步減弱。自2009至2010年反彈以來，政府一直在放貸，維持經濟的好轉。隨著周期性、規模越來越大的信貸激增，經濟動能並未增加的情況下債務不斷堆高，企業變成借貸成癮的吸血殭屍。

兩種資本

自1990年代末以來，針對負債產能過剩的問題提出各種解決方案，包括金融市場自由化和提高民間消費。但在過去十年的停滯中，一種不同的再平衡模式重新定義了中國的政治經濟：「國進民退」。[13] 儘管這個想法有時候要從政黨意識形態改變或個人領導風格來分析，但國家帶頭擠壓私營部門和外資一事，基本上反映出更廣泛的經濟狀況。在低增長的環境中，國有企業必須犧牲其他部門來追求增長。國有企業與領導人的聯盟關係，使他們有能力貫徹這一戰略。

國有部門的操作能力取決於中國獨特的所有權形式——具體而言，國家事實上仍然是唯一的地主。在1950年代，中共廢除私有財產，建立黨國，黨國自行指派為人民代表，成為一切財產的唯一的所有者。儘管自1978年以來進行全面的經濟改革，但黨國從未改變土地的國家所有權，或者國家所有是最重要的財產所有權形式。國家讓個別的企業主有權在一定時間內使用土地，從而加速民營經濟崛起。使用權有期限，國家保有設定更新條件或隨時取消使用權的權力。這就是農村市場改革在1970年代末起飛的原因，當時國家建立了聯產承包制（把

---

13 Patrick Chovanec. 2010. "China State Enterprises Advance, Private Sector Retreats." *Forbes*, August 31. https://tinyurl.com/yl6axsu2.

土地使用權出租給農戶，而國家繼續擁有土地）。像這樣國有土地使用權市場化的情形，1980年代中也在城市出現了，那是從上海的土地使用權改革開始。[14] 這些改革在1990年代達到頂峰，給恆大這類房地產開發的興起創造條件，同時也未顛覆土地的國有。

除了土地，北京也不曾放棄國有企業在關鍵部門的主導地位。1990年代的國企改革不完全是「私有化」。許多國有大企業根據西方跨國企業的方式，以營利為導向進行重組，並且幾乎卸下所有的社會職能，例如為職工提供住房和醫療。但地方或中央政府仍掌控諸多龍頭公司，有的是直接經營，有的上市公司則以國家持股進行控制。中國企業上榜世界五百強的數量，從2000年的10家增加到2020年的124家，其中91家是國有企業。[15] 國有企業的資產在整個經濟中是民營企業的兩倍，在金融、能源、汽車、電信、礦業等領域佔據主導地位。

因此，在長期的出口榮景中，中國政治經濟的驅動力，靠的是建立在企業主與個人臨時財產所有權之上，以營利為導向的市場交換。久而久之，許多投資者開始認為所謂財產所有權

14 中共上海市委黨史研究室編。2018。《破冰：上海土地批租試點親歷者說》。上海：上海人民出版社。

15 Kennedy, Scott. 2020. "The Biggest But Not the Strongest: China's Place in the Fortune Global 500." CSIS Report, August 18. https://bit.ly/3cBdVZg.

在國家一事只不過是表面上的形式（formality），他們預期自己的使用權將得到例行性、儀式化的更新。只要不斷增長的中國經濟能提供高投資回報，有進取心的人就會樂於將自己的財富和財產留在中國，並壓抑內心對財產最終安全的任何憂慮。但隨著增長率和利潤下降，投資者開始把注意力轉移到個人財產僅為短暫所有的本質，而這也一直涉及中國憲法第六條（國家堅持公有制為主體的基本經濟制度）和第七條（國有經濟是國民經濟的主導力量。國家保障國有經濟的鞏固和發展）。[16]

2008年之後，政府對私營企業與外資的打壓益發明顯。隨著世界經濟衰退造成經濟增長停滯，胡錦濤頒布的新反壟斷法落實在私營和外資企業上的力度也遠遠超過國有企業。[17]當然，許多國有企業在黨內的靠山，在精英鬥爭期間都以「反腐」之名遭清算。但國企的特權很少受到反壟斷法的影響，儘管國有部門是電信和能源等重要壟斷企業所在。反之，以反腐之名把個人財產充公變得很常見。有錢人與企業主的不安全感增加，經濟趨緩導致獲利能力下滑，再加上人民幣長期貶值的預期，引發一波資本外逃的浪潮，最終在上文提及的2015年

16《中華人民共和國憲法（2018年修正文本）》。

17 US–China Business Council. 2014. "Competition Policy and Enforcement in China." https://bit.ly/3cyq5lp; William E. Kovacic. 2017. "Competition Policy and State-Owned Enterprises in China" *World Trade Review*. Vol. 16, No. 4, 693–711.

夏的金融動盪中來到高潮。儘管重新加強資本管制遏制了資本外逃，中國的企業與有錢人還是越來越急於把他們的財富轉移到海外，跑到能好好保護私有財產的國家。

習近平2012年上台時，許多觀察家預期他會推行經濟自由化。[18] 習主政之初，官媒討論放鬆金融管制和「供給側結構性改革」也強化了這樣的訊息，正如《紐約時報》在2016年所說，「聽起來不像馬克思和毛澤東，而是更像雷根和柴契爾夫人」。[19] 但是，期待習近平成為一個像鄧小平一樣的市場派強人的希望很快就落空。黨國內部既得利益集團的力量使習近平別無選擇，只能犧牲私營和外資企業，支持國有與政商關係密切的企業不斷擴張。

雖然國家主義轉向（statist turn）早在習近平之前就已開始，[20] 但他盯著這個過程大幅加快。2021年，習近平推出「共同富裕」的口號，並打擊私營企業。打壓的舉措包括：在最後一刻阻止螞蟻金服（阿里巴巴的金融科技部門）在海外的首次公開發行（IPO）；對阿里巴巴處以巨額反壟斷罰款；[21] 嚴格限制科技公司

18 Isaac Stone Fish. 2018. "The Myth of a Kinder, Gentler Xi Jinping." *The Atlantic*, February 27. https://tinyurl.com/ytmwbobw.

19 Chris Buckley. 2016. "Xi Jinping's Remedy for China's Economic Gloom Has Echoes of Reaganomics." *New York Times*, March 3. https://tinyurl.com/ymjxqmsc.

20 Lardy, Nicholas. 2019. *The State Strikes Back: The End of Economic Reform in China?* Washington, DC: Peterson Institute for International Economics.

蒐集資料和提供服務的能力；[22]採取雙減政策管控補教業；[23]並允許國有企業接管私營科技公司的重要資產。[24]這只是其中的一些例子。

恆大與中國資本主義的未來

2016年，北京一家國營出版社翻譯出版我著的 *The China Boom* 一書。[25]書中凡提到「中國資本主義」的地方，都翻譯成「有中國特色的市場社會主義」。這是黨國體制嚴控的對中國體制的自我描述，官方的出版品從不用「資本主義」或「中國的資本主義」刻畫中國的經濟制度。西方的左派，如哈維，已經開始猜測習近平正引導中國回到毛澤東死後所放棄的社會主義道路。[26]毛主義還有反資本主義轉向的觀點，也可以在《華爾街

21 Reuters, Scott Murdoch, and David Stanway. 2021. "China Fines Alibaba Record $2.75 Bln for Anti-monopoly Violations." *Reuters*, April 10. https://tinyurl.com/yogs5dya.

22 Reuters. 2021. "China Regulator Bars Tencent From Exclusive Rights in Online Music." July 24. https://tinyurl.com/ymrmkhnu.

23 Bloomberg News. 2021. "China Bans For-Profit School Tutoring in Sweeping Overhaul." July 24. https://tinyurl.com/yztj5bvh.

24 Julie Zhu. 2021. "Exclusive Chinese State Firms to Take Big Stake in Ant's Credit-Scoring JV-Sources." *Reuters*, September 1. https://tinyurl.com/2xbyz4r3.

25 孔誥烽。2016。《中國為何不會統治世界》，沈莉譯。北京：中信出版集團。Ho-fung Hung. 2016. *The China Boom: Why China Will Not Rule the World*. New York: Columbia University Press.

26 David Harvey. 2021. "Whither China?" https://tinyurl.com/ypfoczy2.

日報》和《華盛頓郵報》等大媒體看到。[27]

　　儘管有越來越多人這麼看，但中國正遠離資本主義的觀點並不準確。經過四十年的改革，中國經濟並未如「市場轉型」文獻所預言（和主張），演變為教科書式的「新自由主義資本主義模式」。但中國的的體制——主要特色是生計手段的完全商品化、一切經濟活動中普遍要求利潤、土地國有、對其他形式的私有財產保護薄弱、由國有企業主導——可能最好是理解為國家資本主義或黨國資本主義。[28]普丁的俄羅斯為習近平提供的實例，說明一切擁有獨立權力基礎的寡頭都遭到圍捕、遏制或消滅之後，專制政權能夠如何撐過經濟衰退。北京想要的是抑制私人資本積累，挪出更多空間來積累國家資本。這個計畫還包括打擊基層對積累的反抗，最近逮捕勞工運動人士、勞權研究者和馬克思主義知識份子就是證明。[29]

　　正如網上零售和社交媒體，房地產也是私人資本佔主導地

27 Lingling Wei. 2021. "Xi Jinping Aims to Rein In Chinese Capitalism, Hew to Mao's Socialist Vision." *Wall Street Journal*, September 20. https://tinyurl.com/ye8z9fjv.

28 Wen Tiejun, Dong Xiaodan, Yang Shuai, Qiu Jiansheng, and Lau Kin Chi. 2012. "China Experience, Comparative Advantage, and the Rural Reconstruction Experiment." In Arif Dirlik, Roxann Prazniak, and Alexander Woodside, eds., *Global Capitalism and the Future of Agrarian Society*. Boulder, CO: Paradigm Publishers, 77–89; Margaret Pearson, Meg Rithmire, Kellee S. Tsai. 2021. "Party-State Capitalism in China." *Current History*. Vol. 120, No. 827, 207–213. https://doi.org/10.1525/curh.2021.120.827.207.

位最重要的領域之一。房地產大約佔中國25%的產出，所支撐的資產泡沫相當於中國GDP的四倍。恆大之亂對這個重要部門的轉型意義何在？這可能是中共黨國體制持續推動國有部門對抗競爭對手的機會。恆大危機的導火線，是國家試圖限制私營的房地產開發商取得國有銀行融資[30]來打壓房地產開發商，希望此舉可以迫使負債累累的企業不再操弄財務槓桿（deleverage）。有報導稱，中國政府正考慮將恆大集團拆分重組成國有企業。[31]黨國可能藉由恆大危機，將全世界最大的房地產開發商之一進行國有化，重申國家對土地的實質所有權。這項發展也呼應國家最近打擊大型民營企業，最終可能使這些企業變為國有或受國家控制。藉著分拆像恆大這樣的企業，國家可以分割利潤更高的業務（例如管理現有住房的物業部門），並逐步關閉回天乏術的業務。如果這些資產國有化，它們將被轉移到國有開發商之手，仍然以盈利為導向。

---

29 Karl Hu. 2021. "China: Leader of Delivery Riders Alliance Detained, Solidarity Movement Repressed." *Labor Notes*, April 15. https://tinyurl.com/ymg463ew; Man Hoi Yan and Cheng Yut Yiu. 2021. "Left-Wing Labor Rights Researcher Detained For 'Subversion' in China's Guangxi." *Radio Free Asia*, September 2. https://tinyurl.com/yn8rzzhz; Yuan Yang. 2019 "Inside China's Crackdown on Young Marxists." *Financial Times*, February 14. https://tinyurl.com/yye9dkau.

30 Iris Ouyang and Pearl Liu. 2021. "China Slaps Curbs on Developers Where They Hurt Most: Bank Loans." *South China Morning Post*, January 7. https://tinyurl.com/y3zs3wks.

31 Henry Chia. 2021. "Imminent China Evergrande Deal Will See CCP Take Control." *Asia Markets*, September 22. https://tinyurl.com/yzpxwkb8.

正如同過往出現危機時一樣，北京已經表態中國需要新的增長模式。頂著「共同富裕」與財富再分配的大旗，習近平將北京打擊私營部門與解決不平等甚至增加國內消費的需要掛鉤。到目前為止，各種證據都顯示新一輪的再分配，只不過是把資源與權力從私營部門轉移到沒那麼賺錢但依然以利潤為導向的國有企業。那些希望習近平重振社會主義——把民生置於利潤、投資和增長之上的政治經濟體系——的人注定要失望。

附錄四
《自由亞洲電台》專訪[1]

記者 您在本書標題中把中美稱為帝國。您是認為美國和中國相
    當於昔日的帝國,還是這種借用便於您的分析?

孔誥烽(以下簡稱孔) 中國和美國在廣義上就是帝國。一般現在
    社會科學定義帝國,就是指任何一個有能力和意願將政治
    和軍事影響力投射到它的主權範圍以外的國家。很多社會
    學家、政治科學家長期以來都把美國稱為帝國,或者說非
    正式帝國(informal empire),因為它的政治、經濟影響力已
    經遍及全球。

    隨著中國政治、經濟影響力遍及世界各個角落,它的軍
    事力量也能投射到很遠的地方。從這個意義上,中國也是
    一個帝國,雖然它沒有美國或傳統上的大英帝國那麼龐
    大。有趣的是,中國的官方學者也早已開始用帝國這個詞
    來形容中國,只是他們說的帝國沒有貶義,而是從正面的
    角度來看中國作為一個帝國。例如強世功所謂的帝國2.0

---

1 本文原為自由亞洲電台記者王允對孔誥烽的專訪,發表於2022年5月17日,
  https://tinyurl.com/ymaarxfz。

版，主張中國應該為世界治理提供一個出路。

　　十多年前，中共的政治局開過一個會，找了一些學者來講歷史上大國崛起的經驗有什麼是中國可以學習的。他們講到的大國崛起的經驗包括了從羅馬帝國，到西班牙帝國，到英帝國、法帝國，都是一些帝國。所以，現在中國的官方學者也很有意地用帝國來理解中國在世界的角色。

記者 您在書中強調這是對中美對抗的一種結構性分析，這裡所謂的結構是指什麼？

孔　所謂結構性，就是強調經濟上的原因很重要。並且中美關係從蜜月期到出現摩擦其實是從歐巴馬政府時期開始的。歐巴馬推行重返亞洲，並且推動 TPP（跨太平洋戰略經濟夥伴關係協議），要把中國排斥在外。接著在 2011 年，歐巴馬與胡錦濤會面時，歐巴馬首次提出了美國公司在中國受到不公的待遇。根本的原因在於，美國和中國從 1990 年代開始，在地緣政治包括南海問題、台海問題上，還有南海間諜機事件上，都有很多摩擦。但這些摩擦沒有發展成更大的衝突，就是因為當時美國和中國的企業都在合作賺錢，在海外市場也是如此。所以，美國企業都變成中國的說客，把美國軍事和外交體系裡認為中國是競爭對手的看法給抵消了。

　　但 2008 年金融風暴以後，尤其是近十年以來，中國的經濟政策改變了。中國政府和中國國有企業對美國和其他國家的企業在中國和世界市場的擠壓逐漸加強。很多美國企業雖然沒有公開表達不滿，但有證據顯示，他們對中國的投資環境是持批評態度，所以它們停止了為中國擔當說客。這是美國對中國的態度越來越強硬的重要原因。

記者　您在這裡提到美國公司停止為中國擔當說客，而您在書中指出，這些公司成為了美國對中國採取強硬立場的推動力，這種推動是怎麼形成的？有什麼典型案例可以說明這種情況嗎？

孔　　一個有趣的例子是川普就任總統以後，美國商會曾經發表一個報告，介紹說他們遇到了中國的挑戰和問題。美國商會和很多大企業實際上是通過這個報告向川普施加壓力，希望他在和中國談判時更強硬。

　　川普開啟貿易戰後，媒體訪問了一些公司。一個比較有名的案例是美國超導體公司（AMSC）。我在書中提到，它本來是和中國國有企業華銳風電合作生產風力發電機，AMSC和那邊做很多生意，他們也認為中國的市場很厲害。但後來，他們忽然間失去了中國所有的生意，後來調查發現，華銳風電通過一個員工非法下載了軟體和硬體的設計圖等商業機密，所以華銳風電就有能力自己生產那些零件和軟體。AMSC很生氣，所以就提告並且勝訴。那個員工被抓捕，華銳風電也被罰了很多錢。

　川普發動貿易戰的時候，媒體就去採訪AMSC的老總，問他怎麼看貿易戰。他說得很清楚，貿易戰很早就開始了，其實是中國最先對美國採取貿易戰的做法，去偷美國的商業機密。現在川普提高關稅，他其實是支持的。這不是一個單獨的案例，我在書中提到很多美國公司去告中國政府和中國公司。這類型的案例過去十年越來越多。這些公司就算不是去推動美國對中國採取強硬態度，起碼也是沒有像過去那樣為中國當說客。

記者　您強調商業公司在美中對抗中的角色，但我們聽到的比較多的是中美之間的意識形態對抗。那麼，意識形態方面的對抗在中美對抗之間是什麼角色，只是一個陪襯嗎？

孔　意識形態的對抗在中美對抗中是一個必要條件，但不是一個充分條件。中美之間意識形態的分歧源頭其實是1989年天安門民運之後，到90年代初，美國很多政治人物或者是官員都覺得人權是一個很重要的問題；1996年台海危機之後，他們也明顯看到中國對當時走民主化道路的台灣構成威脅。但問題是1990年代、2000年代，意識形態的分歧並沒有阻止中國和美國在經濟和其他很多方面形成良好的關係。那就是因為企業的關鍵作用在壓制著兩國因為人權和價值觀不同導致的對抗。但現在企業的反制作用變弱了，所以意識形態的分歧就凸顯出來。

記者 您在副標題上使用了「新冷戰」這個說法。這個說法近幾年很流行，但您似乎並不太滿意這種說法。您不同意的原因是什麼？

孔 新冷戰是相對於舊冷戰而言的，主要強調意識形態的分歧。我剛才講，意識形態的分歧和政治體制的不同，並不是忽然間兩個國家關係惡化最主要的原因。因為如果意識形態和政治是原因，兩個國家的對抗應該在90年代就開始了，甚至在1989年天安門運動之後就開始了。現在的對抗主要還是兩國在經濟上從合作到競爭。所以，這是兩個資本主義帝國之間的競爭和對抗。

記者 您在書中也提到「修昔底德陷阱」的理論，這個詞背後指涉的理論主張在國際關係學中有很多支持者，在媒體或社媒上也到處盛行，但您並不滿意這種理論對中美關係的解釋力，為什麼？

孔 「修昔底德陷阱」的理論說崛起的國家和現在主宰的國家必然會發生衝突，這種說法有道理，但並不能解釋所有的事情。看歷史，二十世紀初，德國作為一個崛起的國家與英國作為一個主導的國家發生了衝突。但當時美國也是崛起的國家，但它當時並沒有和英國發生衝突，相反它和英國成了盟友。

並且崛起的國家和主導的國家之間的關係不斷在變化。比如，二十世紀初，日本是一個崛起的國家，它在第一次世界大戰的時候，和英國作為主導國家的立場是一致的；但在第二次世界大戰的時候，它和英國的關係就是對立的。

記者 您借用了韋伯和馬克思的理論，這兩位社會科學巨人為中國學者甚至民眾所比較熟悉，您主要借用的是什麼理論？

孔 馬克思的理論就是經濟決定論，就是從企業、跨國公司的利益的角度去解釋美國或中國的外交政策。根據韋伯的理論發展出的外交關係的理論就是強調國家的自主性，就是外交關係決定於國家利益，要讓一個國家在全球舞台上的影響力和聲譽最大化，這跟企業的利益不同。所以，我的觀點就是把韋伯和馬克思的理論結合起來。美國的對中政策有韋伯的方面，就是美國的外交和軍事精英從90年代開始就把中國作為一個競爭者，傾向於採取競爭甚至對抗的態度。但這個取向在1990、2000年代沒有成為主要的取向，因為經濟和企業的利益在起作用。企業要和中國合作的時候，就反制政治精英的美國對中強硬的立場。但是在美國國家利益和企業利益趨同後，也就是2010年代企業也對中國不滿以後，對中國強硬的政策才成為一個共識。

記者 在中美對抗中，香港成了風口浪尖的爭奪之地，您來自香港，您對香港前途的基本估計是什麼？

孔　過去幾年香港發生的事情就是中國和美國走向對抗的一個
鮮明的體現，從2019年的反修例抗爭一直到香港國安法。
現在體現在香港的中美之間的抗爭，或者說中國和美國資
本的抗爭還沒有完結。雖然現在表面上看起來，國安法下
香港的局面已經決定了，但在表面的穩定下面，我們還是
看到一些暗湧。比如去年，中國一直說要把反外國制裁法
適用於香港，在香港的外國企業和中國企業都要選擇是依
據美國法律接受美國制裁，還是依據中國法律不接受美國
制裁。這種狀況下，很多企業在香港都無法生存下去。後
來有報導說，香港的外國企業，包括一些在美國有生意的
中國企業，比如中國銀行都去遊說北京。結果是在最後一
分鐘，北京方面說暫時擱置將反外國制裁法在香港施行的
計劃。所以體現在香港的中美對抗還在拉鋸，香港的命運
在中美對抗還沒有結論之前還有變數。

附錄五
《全球中國脈動》專訪[1]

　　「全球中國」（Global China）的崛起是過去幾十年經濟持續全球化的結果，並且得到中美正面的關係所支持。以2001年中國加入世界貿易組織作為分水嶺，中美兩個經濟體的互賴越來越深，而這曾是處理兩國間各種衝突的樂觀理由。然而，隨著川普政府試圖彌補美中貿易的失衡以及新冠肺炎（它對全球秩序造成何種破壞，尚未完全顯現）傳染的動盪歲月後，這個觀點受到質疑。

　　孔誥烽剛出版的新書《帝國爭霸》分析不斷變化的中美關係，並批判全球政治經濟。孔誥烽挑戰意識形態論點，提出美國在1990年代和2000年代之所以推動中國融入全球經濟，主要受美國企業尋求進入中國市場利用中國廉價勞工的利益所驅使。這些利益最終受到中國自2000年代後期扶植本土產業的政策所傷，之後便離去。中國融入全球經濟造成美中之間不平衡的發展加劇，促成兩個經濟體間在結構上的高度互賴。由於

1　本文譯自 "Clash of Empires: A Conversation with Ho-fung Hung." *Global China Pulse* 1(1): 177–183.

這兩個資本主義經濟體都遇到過度積累的危機，兩國在全球經濟「帝國間」的敵對取代了互賴。

隨著美中兩個經濟體漸行漸遠，兩國地緣政治競逐也越來越難以調和。按照此觀點，「新冷戰」的根源就是中美「資本主義間的競爭」，而非意識形態差異。雖然孔誥烽對美國外交政策的馬派觀點可能會受到採取不同角度分析的人所駁斥，但他對全球政治經濟的剖析，呼籲人們徹底重新思考哪一種全球經濟秩序有助於防止未來的衝突。

張翃（以下簡稱張）你這本書對美國和中國企業之間關係變動提出深刻的見解，你認為這是兩國政治關係不斷變化的基礎。你為何要做這項研究？又是想要挑戰哪些既有的觀點？

孔誥烽（以下簡稱孔）針對美中關係的惡化，許多流行的說法將原因歸到民主和專制體系之間的意識形態差異；對於政治人物的行動和政策，這些說法是現成的方便理由。但是，學者有責任超越明顯有漏洞的解釋，做出更深刻的研究。如果真的只是民主與威權的衝突，為什麼民主的美國和威權的中國在1990年代和2000年代的關係如此融洽？有人會說習近平比之前的胡錦濤和江澤民更為專制，所以現在差異更明顯。但真的是因為習嗎？鄧小平動員軍隊對抗議的市民開槍，並用坦克保住中國共產黨的執政。然而，

美國和整個民主世界並未因為鄧小平太過專制而不和中國
做生意。縱觀歷史，資本主義民主國家從不迴避與獨裁者
做買賣及結盟，民主和威權之間的區別向來不是阻礙。為
什麼這種差異突然影響了美中關係？事情必然有蹊蹺。我
的研究和這本書都在尋找這個問題的答案。為了探索美中
關係可能的劇本，並研究如何防止關係惡化演變成一場災
難，我們首先要釐清讓事情發展至此的背後因素。

張　你點出美國和中國之間的爭霸是兩個「帝國」之間的衝突，
是「帝國間的競逐」。你如何理解這兩個「帝國」的本質？
由於中國是美國建立帝國的關鍵推手，同時也在美國主導
的體系下壯大，正如你的分析明確指出，中國挑戰美帝國
能走多遠？或者，他們是否鎖定在共生關係之中？兩國會
脫鉤嗎？

孔　正如書中所定義，「帝國」指的是任何有野心和能力把政
治和軍事力量投射到領土以外的國家。美國作為一個成熟
的帝國，主要是一個「非正式帝國」，不像英法等舊帝國
有那麼多正式的殖民地。中國是一個崛起中年輕、非正式
的帝國，官方的知識份子對於表達中國的帝國野心，比以
往任何時候都更加開放——把「帝國」當成一個正面的詞。

　　兩個帝國之間的社會經濟整合並不會阻止帝國競逐的發
生和升級。針對這一點，與二十世紀初的英德的競爭比較

有助於我們理解。1914年6月，有位英國經濟學家在皇家統計學會發表主題演講，宣稱所有經濟統計數據都說明英德兩個帝國在貿易、投資和各個方面都交織在一起。[2] 他預測英國和德國將保持這種互惠與互利的關係，德國作為新的後起之秀夥伴，兩國不會捲入衝突。我們都知道幾個月之後所發生的事。實際上，當時的英德的整合要比今天的美中更為緊密。兩國統治精英相互通婚。大英帝國王室溫莎王朝（一次大戰前的薩克森─科堡─哥達王朝）有一半德國血統，德意志帝國君主威廉二世的母親是英國人、維多利亞女王的長女。因此，第一次世界大戰前夕，兩國統治階級的整合，有如拜登或川普的兒子娶了習近平的女兒。英國也是德國在一次大戰前夕進出口的最大目的地和來源地。但這種整合程度未能阻止兩個帝國開戰。地緣政治與資本積累引發的破壞力，實在過於強大。

但有一個樂觀的理由。比起二十世紀之交的德國，今日的中國雖然越來越軍事化且充滿侵略性，但程度仍遠不及當時的德國（就此而言，也不如今天的俄羅斯）。不同於十九世紀和二十世紀初頻頻戰爭的德國，中國自1979年與越南開戰以來，不再為了嚴重的軍事衝突出兵。上一次

2　Edgar Crammond. 1914. "The Economic Relations of the British and German Empires." *Journal of the Royal Statistical Society*. Vol. 77, No. 8, 777–824.

大規模軍事動員是 1989 年，調派人民解放軍平息國內動盪。如果黨國精英夠理性（雖然這是個大大的「如果」），他們應該小心翼翼避免與美國發生任何真正的軍事摩擦。隨著北京看到莫斯科在烏克蘭的軍事冒險演變成俄羅斯的一場災難，事情變得更加明確。所以，我依然樂觀，雖然美中的敵對應該還會惡化，還是很有可能會導向在全球治理機構中的競爭，例如世界衛生組織、世界貿易組織、聯合國等，而不會出現直接衝突。

張　我發現你對中國和美國兩國的看法不同。在中國方面，你給予黨國很大的自主性，如你分析，中共在 1990 年代與美國企業利益共謀，然後在 2010 年代的產業政策和追求地緣政治議程，造成美國企業與中國保持距離。然而，在美國這邊，你把主要的能動性（agency）給了企業行動者；到頭來決定美國外交政策走向的是企業的總體偏好，而那些地緣政治或意識形態的力量在整個分析中屬於次要。由此看來，你把中國國家行動描繪成韋伯式（即由地緣政治利益驅動），而把美國的國家行動說成是馬克思式（即由企業利益驅動）。為什麼有如此大的不對稱？

孔　是的。每個國家相對於公司都有更自主的部分，也有受到公司或其他支配團體影響甚至控制的部分。這兩個部分的相對比例在各國都不同。

史考奇波為經典作品《把國家帶回》[3]寫的導言指出，韋
伯以國家為中心的方法是在德國發展出來，並非偶然。這
與俾斯麥以來，中央集權國家在德國的國家形成、戰爭及
工業發展過程中的強硬立場，不無關係。相比之下，以社
會為中心的國家方法——包括強調階級的馬克思主義方法
與強調利益集團的多元主義方法（如道爾）——在英國和
美國學術界一直占主導地位，因為兩國的政治制度提供許
多切入點給社會團體影響政策的制定。美國與英國以社會
為中心的方法占優勢，使得學者忘記國家裡某些重要組成
部分有很高的自主性，並且依照韋伯的邏輯運行。按照史
考奇波的說法，美國外交政策機構這個國家組成部分就是
如此。

美國和中國政治制度的差異類似於美／英與德國的差
異。《帝國爭霸》並不完全以馬克思主義的方法分析美中
政策的形成，更準確地說是兼具馬克思與韋伯的方法。
自1990年代初冷戰結束以來，美國外交政策精英遵循韋
伯式邏輯，必須維持美國的全球實力和威望，因此把中國

---

3 這是把韋伯的國家理論帶進北美社會科學的作品。Theda Skocpol. 1985. "Bringing the State Back In: Strategies of Analysis in Current Research." In Peter Evans, Dietrich Rueschemeyer, and Theda Skocpol, eds., *Bringing the State Back In*. Cambridge, MA: Cambridge University Press, 3–38.

視為地緣政治的對手。但是美國左右經濟政策制定的其他部分——包括財政部、國家經濟委員會和國會——更願意接受大企業的影響。在1990年代和2000年代，美國的企業影響國家這些組成部分，遏制外交政策機構中的對抗傾向。唯有到了2010年代，當企業和地緣政治利益一致，支持對華採取對抗姿態，美國的對華政策才全面轉向對抗。

反之，在中國的黨國資本主義體制下，經濟和外交決策過程高度集中在黨國精英的高層。經濟增長與企業盈利能力是黨國精英決策時的眾多考量之一，但這些考量的重要性都不如堅持以及擴大黨國在中國乃至世界的權力。企業的政商關係就算再好，也都是接受中共差遣，最能說明這一點的就是中國大型科技公司的發展。國家將他們扶植起來，幫他們壟斷中國市場。但是當國家感受到他們的威脅，也就毫不留情地施以打擊。中國企業相對於國家的自主性，根本比不上美國企業對國家的影響力。中國政治經濟的特色也就是一切需要全都要服膺於黨國的大戰略底下，這在杜如松所寫的《長期博弈》[4]有細緻的分析，但我在完成《帝國爭霸》之後才有機會讀這本書，否則絕對是重要的參考文獻。

4　Rush Doshi. 2021. *The Long Game: China's Grand Strategy to Displace American Order*. Oxford, UK: Oxford University Press.

張　雖然你的分析側重企業的利益和其他結構性解釋，但你似乎想要避開結構決定論，也為政治操縱和偶發性留下空間。回顧過去三十年，你能想像美中關係有其他的可能嗎？事後看來，兩邊是否可以選擇更好的政策？

孔　我認為柯林頓總統在1994年的反轉，讓中國商品以低關稅進入美國市場的待遇不再和中國的人權狀況掛鉤，可說一個政策上的錯誤。這並非不可避免。正如書中所寫，柯林頓政府在這個問題上存在分歧，國務院和國會眾多民主黨議員都誓言要維持這種聯繫，而新成立的國家經濟委員會主席、來自華爾街的魯賓則是努力要切斷這種聯繫。書中也說到當時美國的大企業尚未把中國看成一個巨大的市場。北美自由貿易協定在1994年生效，當時全球化勢力在乎的是把它發展成為大美洲自由貿易的安排。北京動員的企業積極遊說貿易與人權脫鉤，最後北京獲勝。假如人權與貿易在整個1990年代一直保持連動，有可能給北京更大的壓力逼他們走向自由；當時黨內有比較多自由派精英，北京更為脆弱，也更願意接受外部的影響。中國的開放與之後美國外包工作到中國，也就會更為漸進，而中國對於美國工人階級的影響也不會那麼激烈，只不過美國並未選擇這條路。

　　最近的《防止維吾爾人強迫勞動法》禁止進口所有在新

疆製造的商品，除非出口商能夠證明生產所用的勞工都未受到強迫，這是回到1993年柯林頓對華貿易政策的原則——也就是把中國商品能否進入美國市場與中國的人權狀況掛鉤。但是，這一切已經太遲，無法帶來明顯的壓力，改變中國的方向。這樣做最有可能的結果就是加速世界經濟分裂為兩個相互競爭的陣營——也就是許多人所說的脫鉤（decoupling）。

張　你在書中還質疑柯林頓政府提出的「建設性交往」，當時白宮決定不要把最惠國待遇與中國的人權狀況聯繫起來，認為只要把中國整合進入全球貿易體系，就有可能讓中國政治體制的自由化。當然，這個希望已經幻滅，但你是否認為這並不是一個真正的企圖，只不過要掩飾政策是受到企業的利益所驅使？

孔　所謂參與全球貿易體系將自動引發政治自由化，這種論述有可能是現代政治論述中最虛偽的藉口。回顧戰後的歷史，許多獨裁政權是在參與全球貿易時蓬勃發展。從皮諾切特的智利到沙烏地阿拉伯，市場資本主義從未侵蝕威權制度，反而是維持威權統治。市場資本主義百分之一百的適應威權政體，甚至有利於威權政體。與中國有經濟往來可以促進政治自由化的說法，只不過是一個明顯的企圖，掩蓋柯林頓政府在1993-94年對華政策180度的轉變，這在《帝國爭霸》都有詳細描述（前面也已經提到）。柯林頓執政的第一年，美國政府把中國商品能否以低關稅進入美國市場聯繫到中國的人權狀況。因為激烈的商業遊說，柯林頓於1994年放棄這項政策。隨後，自由貿易會促進政治自由化的理論匆忙冒出檯面，為政策的急轉做辯護。這套理論的目標是讓政策轉變看起來不像是屈服於企業的勒索，而更像是一項經過仔細思索可以為世界謀福利的政策。

最諷刺的是，我們之前在美國南北戰爭期間就已經看過這套「建設性交往」的論點。英國許多主張自由貿易的人和大企業都同情反叛的南方，也想要靠當地的奴隸制獲得源源不絕的便宜棉花。當時的知識份子代表，包括《經濟學人》雜誌和許多自由主義思想家，想出以下的論點：如果英國支持南方，並與許多英國人口中獨裁反自由貿易的怪獸林肯作戰，英國就能夠說服獨立的美利堅邦聯（Confederacy）一步步和平地廢除奴隸制。於今回顧，我們都知道，這種論點不過是英國利益團體需要奴隸生產廉價產品的虛偽掩飾。這是「建設性交往」理論的十九世紀版。

張　雖然你認為未來幾年美中對抗將越演越烈，但在本書結尾，你仍然寄希望於全球治理機構的調解功能，以及中美經濟的再平衡，避開致命衝突。你認為這種再平衡有希望出現嗎？在中國這邊，我們確實聽到更多「再分配」甚至

「第三次分配」的聲音，但是因為新冠肺炎的封鎖癱瘓經濟，當務之急已經變成維持中國的經濟成長，再分配可能已經遭到擱置。在美國這邊，我們也看到他們急於把製造業的就業機會帶回這邊，投資更多經費在基礎建設、福利與綠色經濟。你認為美中兩國會有自我糾正的機制嗎？這些機制是否夠強大？

孔　正如我上面所說，中國遠不如一個世紀前的德國那麼好戰，這是一個樂觀的理由，美中對抗的加劇有可能限定在兩國在全球治理機構中的競爭。但是，我對於內部再平衡的部分就無如此樂觀。至少從1990年代後期開始，中國政府就不斷討論要藉著再分配，促進國內家庭消費，實現經濟再平衡。朱鎔基1997-98年亞洲金融風暴後提過，溫家寶在2008年全球金融危機後也談過。每當國內經濟遇到全球經濟逆勢，北京固定的回應方式是要用再分配拉抬國內家庭消費。但是再分配每一次都沒發生，政府最終還是倚賴刺激投資的老伎倆，靠著更多的貸款來支撐經濟成長，就像現在這樣。這條道路雖然避免暫時的經濟衰退，但從長遠來看是使得不平等和經濟失衡更加嚴重。再分配政策再三胎死腹中，可說是中國決策過程中制度上缺乏工人與農民作為代表的結果。過去二十年來，達席爾瓦擔任總統期間（2003-11）的巴西，靠著國際著名的家庭津貼

（Bolsa Familia）直接現金轉移計畫，成為全球實現重大再分配改革的發展大國。這是由一個由窮人選出並代表窮人的政府所設立，計畫一實施便大受歡迎，甚至連2019年當選總統的波索納洛也無法取消。相較於巴西的政治過程，許多原因都可以說明中國的黨國精英因為與國有企業關係更緊密，又或者是和政商關係良好陷於借貸擴張模式的私人企業牽扯不清，根本就無法認真推動任何實質性的再分配改革。

我對美國透過產業回流實現的再平衡同樣悲觀。美國的製造業依靠外國廉價勞動力享受巨額利潤已有數十年。隨著貿易戰和華府呼籲與中國脫鉤──外資歷經中國的清零政策後脫鉤勢必加速──會使得美國企業減少與中國接觸。這些大多數都不太可能回到美國。但是，那些戰略上重要的部門之中可能會有一些例外，華府願意補貼讓他們回到美國本土，微晶片和稀土開採就是兩個例子。但對於大多數企業來說，和中國脫鉤只表示會遷移到東南亞和南亞等其他低工資的發展中國家，美國和中國的失衡不太可能消退，資本輸出的衝動和兩國之間的資本主義競爭只會加劇，並注定未來幾年地緣政治的對抗會越演越烈。

附錄六
十八大至二十大西方對華觀感惡化 [1]

2022年9月中習近平從哈薩克斯坦的上海合作組織峰會回國，沒有公開露面一段時間，一些海外華文媒體人又條件反射地說出中共高層政變推翻習的傳聞。習從外地回國，理論上是要跟隨抗疫清零政策，進行隔離觀察。所以他在回國後沒有露面一段時間，十分合理。由此引發政變謠言，雖然荒謬絕倫，但竟然得到一些西方中國觀察家的認真對待，折射出部分西方人士對於習即將連任的無奈與幻想。

西方對中國觀感由正轉負

回顧十年前習近平在十八大接手黨國大位之初，西方世界從中國問題專家，到政要商賈，再到普羅大眾，對習、對中國都是以正面觀感為主流，與今天以負面為主流，有天淵之別。美國權威民調機構皮尤研究中心一直對美國民眾與世界各地民眾對中國的觀感，作出追蹤調查。在習接任領導前夕的2011年，美國民眾對中國有正面評價與抱負面評價者，是51%對36%之比。但2012年之後，正評與負評的對比出現逆轉，持負評者的比例持續增加，正評比例則在下降。根據最新的2022年數據，正評與負評之間的對比，已達16%對82%的歷史水平。

這一由正轉負的觀感，並非美國獨有。南韓對中國的正負面觀感，根據同一個調查，在2002年是66%對31%，2022年是19%對80%。澳洲從52%對40%，變成今天的14%對86%。加拿大則是從58%對27%，變為今天的21%對74%。

這個民意上的轉變，與美國政商界的轉變同步。二十一世紀的頭十年，是美中關係最和諧的十年。2001年中國加入世界貿易組織，美國和西方財團大舉進軍中國，中國為美國公司帶來巨大盈利增長。美國商界對中國的熱情，在2008年北京夏季奧運時達到頂峰。

2001年，美國遇上911恐襲。之後美國入侵阿富汗和伊拉克，在中亞與西亞分身不下，變得依賴中國幫助穩住東亞局勢。當時華府特別在朝鮮核問題上需要北京幫忙，避免在東亞出現嚴重危機，讓華府可以集中精力反恐。那時華府一直對北京強調合作共贏。中美兩強（G2）或中美國（Chimerica）共治世界的論述，在美國有關中國在世界角色的討論中，一時成為潮流。

在中美關係和諧的2001–2011年，雙方關係不是沒有暗

湧。例如在胡溫體制之下，中國國有企業獲得政府支持在中國
與世界市場大舉挺進，中國和外國的民營私人企業，遇上越來
越大的擠壓。而胡溫體制下，中國政府對國內維權人士的鎮壓
也越來越嚴厲。當時美國的中國觀察者，不少都將這些趨勢歸
因於胡錦濤乃是老派共產黨人，擔任黨國領導之前一直是內陸
省份的領導，所以比較保守，傾向國家主義，不像江澤民、朱
鎔基等沿海出身領導人般，擁抱市場經濟、民營經濟，在政治
上比較開明。

　　當時不少美國中國通，視胡溫時代的國進民退和政治控制
的加強，只是暫時逆轉改革開放的大勢。他們對於習近平成為
下任黨國領導，都充滿希望。例如《紐約時報》的紀思道，在
2013 年 1 月習近平剛接位後不久，即發表題為〈在中國尋求重
新啟動〉（Looking for a Jump-Start in China）的文章。他預言，習近
平即將重新啟動中國的市場改革開放與政治自由化。他樂觀的
理由是習有別於胡，在成為中央領導之前，都一直是沿海省份
包括浙江、福建、上海的領導。在他治下，那些省份的民營市
場經濟都有蓬勃發展。而他的父親習仲勳，更是鄧小平時代的
堅定改革派。習將女兒送到哈佛求學，也被視為他對西方價值
的理解與親和之證明。紀思道甚至大膽預言，習近平時代，將
是中國重啟政治改革，釋放包括劉曉波等政治犯的開明新時代。

　　紀思道的這篇文章，不少人今天讀來，都當是大笑話一

則。但他當時的樂觀觀點，確是主流。習準備接任黨國大位前夕的 2012 年，發生了薄熙來事件，就更令西方中國通對習近平抱更大期望。當時薄以內陸重慶作基地，復興毛澤東文革時代的紅歌文化，利用當地的政法體制肅清政敵和民營企業家，強調社會平等。薄打出的重慶模式，令很多西方觀察者驚呼毛澤東回魂。後來發生王立軍事件，無論薄熙來是否真的如傳言所說密謀通過政變推翻習接班，薄在中國西南代表挑戰習權威的左派、毛派力量，十分清楚。後來薄熙來和他的合作者紛紛落馬成為階下囚，習近平鞏固了他的絕對權威。西方觀察家，自然將習視為挽救了改革開放大業，擊退了毛澤東還魂的救星。

事實上，習近平時代剛開始時，中國政府的確好像決心通過大刀闊斧的市場化改革，解決中國在 2008 年全球金融危機和 2009–2010 年財經刺激無以為繼下的經濟降速問題。例如在 2013 年，北京推出了通過加速城鎮化拉動城市消費市場，製造經濟增長新動力的政策。2015 年開始，《人民日報》刊出一系列重磅長文，呼籲中國要進行義無反顧的「供給側結構性改革」，將這個改革提升到「習近平經濟工作論述」的高度，與 1980 年代美國與英國進行的供給側市場化經濟革命相呼應。當時《紐約時報》甚至刊出文章，稱習近平要在中國推動雷根經濟學，重振市場經濟。

當然，這些改革方案，最後都是雷聲大雨點小，無疾而終。

在經濟持續減速，內債不斷攀升的挑戰下，胡溫時代的國進民退不單沒有在習近平時代逆轉，反而進一步加強。不少外資特別是美資，都投訴政府對民營、外資企業越來越多的規管，乃是政府出面干預市場，幫助中國國企與外資競爭的不公平國家行為。中國美國商會和美中貿易全國委員會定期對在中國的美商進行匿名調查，近十年的調查結果，都顯示多數美資企業，雖然仍在中國賺到豐厚利潤，但感到中國的營商環境在不斷惡化，對他們越來越不友善，他們也在加速從中國分散投資。

國進民退加劇

國進民退的加劇，令部分美國中國通忘記了這個趨勢開始於胡溫時代，產生這都是始於習近平時代的錯覺。例如研究中國經濟市場改革的權威，皮特森國際經濟研究所的中國專家羅迪在 2019 年出版《國家反攻：中國的改革開放結束了嗎？》（ *The State Strikes Back: The End of Economic Reform in China?* ）便是持有這個觀點，封面更放上一個習近平頭像。

外資在中國的處境惡化，近十年北京很多政策更越來越像薄熙來管治重慶時期政策的全國加強版。當越來越多官員與商人在愈加嚴厲的打貪運動下落馬，西方媒體和中國通開始將運動稱為「清洗」，甚至將之與毛時代的清洗相提並論。中國的公民社會，並沒有如紀思道預期的變得有更大空間。相反，西方媒體觀察到，一些在胡溫時代尚有空間討論與組織的議題，如女權、工人權益、性小眾等，在近十年都面對越來越大的鎮壓。

在習近平治下中國出現經濟政治自由化新時代的期待落空後，一些中國通又開始炒作中共崩潰論。例如在1990年代起便有巨大影響力、在中共黨國精英經營了不少重要人脈的沈大偉，在2015年於《華爾街日版》刊出〈中國即將出現裂痕〉（The Coming Chinese Crackup）的文章，斷言中國經濟減速與習近平強力清洗其他精英，將會令中共管治出現裂痕，甚至倒台。

當時我在期刊《外交政策》的論壇便已駁斥這種觀點，指出中國政治精英不會輕易挑戰最高領導，避免出現失控的連鎖反應，最後危害他們自己的既得利益。他們的利益在於保持現有體制穩定，如此一來，即使情況變得更差，他們也有管道將家人與財富調出海外。而北韓、俄國等例子顯示，在經濟危機之中，威權政體不會輕易倒下，反而往往會更為鞏固。

廢國家主席任期限制

習近平推動自由化改革的幻想和習近平會在黨內受到挑戰的幻想都落空後，中國在2018年廢除了國家最高領導人的任期限制。這乃是壓垮美國中國通覺得中國會越來越自由開明期望的最後一根稻草。中國這一轉變之後，華府對中，可謂已經失去所有幻想和主觀願望。

在歐巴馬時代擔任對亞對中主要幕僚的坎貝爾和瑞特納，便在 2018 年初在《外交事務》雜誌發表題為〈醒過來看中國：北京怎樣違背美國期望〉（The China Reckoning: How Beijing Defied American Expectations）之文章，指出過去幾十年華府對中親善政策徹底失敗，因為華府對中國的假設全盤錯誤。他們主張美國應大幅調整對中政策。文章表示美國自尼克森訪華以來的對中政策，皆假設只要美國與中國不斷改善關係、幫助中國發展，中國便會朝政治和經濟自由化的方向發展。他們斷言這個假設是巨大的錯誤，指出中國在美國大力幫助下「入世」後即開始實行保護主義，在政治價值與世界經濟秩序兩個方面挑戰美國。

拜登入主白宮後，坎貝爾和瑞特納相繼成為美國國安會和國防部的對中政策重量級幕僚。坎的門生杜如松亦同時加入美國國安會負責中國政策，杜在 2021 年發表《長期博弈：中國削弱美國、建立全球霸權的大戰略》（The Long Game: China's Grand Strategy to Displace American Order）一書，一口咬定，中共從來都是想挑戰美國在亞太甚至是全球的領導地位，從來都沒有真正希望與美國合作、也不願在價值和制度上與美國趨同。只是當初北京覺得中國國力還不夠挑戰美國，所以把動機好好隱藏。2008 年全球金融風暴之後，北京研判西方勢力衰落和中國崛起不可逆轉，認為在東升西降的大環境下，中國已經可以拋開韜光養晦的謹慎路線，公開與美國硬碰。

在中共二十大前夕，美國中國通和在對中政策上的幕僚，已經達成三個共識：一、在新的習近平時代，中國在價值與政治經濟體制上將與美國越走越遠；二、中共的權力穩如泰山；三、中共一早已鎖定美國為競爭對手，中美關係將會是競爭大於合作。這些共識，在美國今天已經很少有人挑戰。在無力地眼看中共二十大迎來新習近平時代之際，美國對中官員與學者今後還可以辯論的，便是面對中國和中共這樣強大堅韌和不為所動的對手，美國應該怎樣在與之競爭時，試圖將競爭引往良性角逐的方向，避免競爭變成失控衝突。

附錄七
墨索里尼在北京 [1]

　　2008年，第一次認真競選美國總統之前，川普對於中國的經濟模式表達出毫無保留的欽佩之情。當時，中國被視為像他這樣的資本家可以不受任何監管限制，自由追求利潤的地方：

> 在中國，他們填滿數百英畝的土地，不斷把泥土倒入大海之中。我問建築商，你們有做過環境影響評估嗎？他問：「什麼意思？」我問：「需要批准嗎？」不用，這位中國人說。然而，如果我在這座城市〔紐約〕向海裡扔石頭，我會被送上電椅。

　　本著同樣的精神，英國版《誰是接班人》（The Apprentice）的主持人、英國億萬富翁舒格，由於對於柯賓領導的工黨執政的前景感到震驚，於是在2015年表示：「如果他們想要把票投給他（柯賓）選他當首相，我覺得大家都應該搬到中國。」

1　本文譯自 "Mussolini in Beijing." *Jacobin*, February 15, 2023. https://tinyurl.com/4yyvdv3m.

對於這些富豪來說，中國代表一座資本無限累積的天堂，一個廣受歡迎的新興超級大國，他們可以在過度的社會主義和政治正確打倒西方文明後，到中國尋找避風港。

但那些日子已經過去。中國官方媒體現在宣傳經濟成長的新方向，稱之為「共同富裕」。國家主席習近平根據新的教條明確呼籲，要加強國家指導和監管措施，打擊「資本無序擴張」。有一些左派評論家大讚習近平此舉是真正的社會主義復興，而西方政治家和金融家則哀嘆，這是往國家主義甚至正統馬克思列寧主義一種可怕的退化。但我們仍然不知道「共同富裕」的確切含義。

社會主義消失無蹤

儘管嚴厲的新冠清零政策受到各地抗議而被匆忙放棄，北京仍然已把它堅持到2022年底，公然無視經濟損失，這證明中國共產黨把國家權力的控制擺在經濟成長之前。共同富裕計畫顯示中國進一步背離新自由主義、資本主義的判斷並非無的放矢。

另一方面，習近平也一直急於消除共同富裕計劃是在恢復毛時代平均主義的任何臆測。2021年12月，習近平在中央經濟工作會議上發表講話，批評福利主義，並承諾中國不會選擇「養了一群懶人和不勞而獲者」的模式，並明確貶抑拉丁美洲的「民粹主義」。習進平對於福利的敵意，彷彿任何一個資本主義國家的自由市場基本教義派的各種言論——姑且不論他對馬克思和毛澤東口頭上的行禮如儀。

以官方意識的形態來說，2018年毛澤東誕辰125週年前夕，中共解散了全國各大學校園內的馬克思主義學會和勞工維權組織，甚至抓了他們的會長。

過去兩年，共同富裕相關的具體措施包括罰款，甚至是相當程度控制中國最成功的科技公司及子公司，政府也讓一些最大的房地產開發商的資金斷鏈。習近平一連串講話不斷重申新計畫底下民營企業家的適當角色，黨國應該維持對資本的家父長的角色，確保國家的更大目標。他強調：「優秀企業家必須對國家、對民族懷有崇高使命感和強烈責任感，把企業發展同國家繁榮、民族興盛、人民幸福緊密結合在一起，主動為國擔當、為國分憂，正所謂『利於國者愛之，害於國者惡之。』」然後，他列舉從十九世紀到1950年代的一些資本家典範，他們經常拿出自己的財富支持民族國家建設的政治工作和軍事工作，最終也將自己的企業交給國家。

這種經濟模式奠基於國家對私人企業的權威指導，以及不受社會主義福利束縛的職業道德，類似於兩次世界大戰期間歐洲和亞洲法西斯政權下的國家資本主義。但兩者的相似之處不止於此。許多人已經指出黨國的民族主義言論、迫害少數民族、高舉對偉大領袖的崇拜,以及著迷於全面監控民眾,種種情況都越演越烈。近年來,著名的官方學者公開並熱烈擁抱施密特等納粹理論學者已說明一切。

中國繁榮後的侵略性國家主義與民族主義

中國政治經濟的國家主義和法西斯主義轉向並非源於習近平的個人偏好,而是中國長期經濟危機的結果。自1990年代中葉轉向出口導向的成長以來,中國以私營企業和外資為主的出口部門一直是主要獲利來源,也同時吸收大量外匯存底。這些外匯是國有銀行貸款擴張的基礎,而貸款大部分都流向國有企業或政商關係良好的企業,支持他們各種固定資產投資,例如基礎設施、房地產以及新鋼鐵廠和煤炭工廠。只要外匯存底不斷成長,中共控制的金融體系就可以透過寬鬆的銀行貸款增加本地貨幣的流動性,而且不會增加人民幣貶值與資金外逃的風險。

然而,許多債務驅動的固定資產投資都顯得多餘——自1990年代末以來,中國領導人一直對經濟上的債務和產能過剩發出警告。他們提出了一些改革措施,例如讓無效率的企業難以獲得國有銀行低利率貸款。可是因為魯莽擴張的部門成為搖錢樹和黨國精英不同派系控制的地盤,這些改革也就顯得後繼乏力。

2008年，中國出口導向的長期繁榮在全球金融危機中陷入泥沼，中國政府推出了侵略性的貨幣刺激計劃，由債務融資的固定資產投資帶動強勁反彈。2009年至2010年間，出口引擎乏力再加上國有銀行融資的投資擴張加倍，造成債務泡沫不再與外匯存底的擴張相符合。2008年至2017年底，中國的未償債務從佔GDP的148%飆升至250%以上。還有一項估計，2020年疫情期間貸款激增，將這個比例推高至330%以上。

由巨額債務融資的公寓住宅、燃煤電廠、鋼鐵廠和基礎設施只是讓產能過剩，永遠無法獲利。經過2009至2010年的反彈後，無論民營企業或國有企業，獲利能力持續探底。

利潤下降使償還貸款變得困難，埋下債務的不定時炸彈。因此，中國已經不再有空間憑藉債務融資的固定資產投資來實現成長，而出口部門的成長也未能反彈至2008年之前的水準。

整個經濟的產能過剩、利潤下降以及債務增加，引發股市崩盤和資本外逃，並造成人民幣在2015–16年大幅貶值。2016年經濟重新回穩，靠的是資本管制再度收緊。銀行體系也向經濟注入多輪新貸款，防止經濟過度放慢。然而，這些貸款大多用於現有貸款的展期。貸款一再激增導致經濟上的債務一增再增，卻未能增添新的活力，許多企業變成貸款成癮的吸血殭屍。隨著經濟大餅強勁增長停止，國有部門加強擠壓私營部門和外資企業。整體經濟緩慢下來的「國進民退」，有一部分是要犧牲民營企業與外資，推國有企業一把。這項政策加劇美國和中國資本主義之間的競爭，美中帝國爭霸，讓人想起一個世紀前英國與德國的競爭。

習近平剛上台時，外界預期他會把經濟自由化推上議程。習近平執政初期的官方媒體就討論金融自由化改革，要用來扼殺不賺錢但享有特權的企業獲得貸款的機會。官媒發表文章呼籲「供給側結構性改革」，據信這篇文章得到習近平的認可，而這「聽起來不像馬克思和毛澤東，而更像雷根和柴契爾。」然而，很快地，期待鄧小平那樣的市場改革能回歸的期望完全落空。國家內部的既得利益過於龐大，使得習近平別無選擇，只能加碼支持國有或政商關係良好的企業持續擴張，而犧牲民營和外資企業的利益。今天，人們普遍認為中國經濟的國家主義轉向雖然早於習上台之前，但卻是在他領導下邁開大步。

國家主義與經濟危機的螺旋式上升

北京以共同富裕之名，嚴厲打擊阿里巴巴和騰訊等由私人企業主創辦並在開曼群島註冊的企業。打擊行動包括在最後一刻禁止阿里巴巴旗下金融科技部門螞蟻集團的海外公開上市（IPO），對阿里巴巴本身處以巨額的反壟斷罰款；嚴格限制科技公司收集資料和提供服務；並且採取雙減政策管控補教業。

政府開始抑制民間資本增長，2020年北京收緊房地產開發商的融資。政府切斷新的資金來源讓他們債務不斷增加,許多房地產開發商突然陷入償付能力的危機,房地產產業龍頭恆大就是其中之一,也最受關注。據報導,中國政府的解決方案是考慮把恆大集團分割並重組為國有企業,將最大的房地產開發商收歸國有。這與國家最近對其他大型民營企業的攻擊一致,有可能將它們全部或至少其中的一部分納為國家所有或放在國家控制之下。

然而,雖然左派可能空泛地讚揚其中一些干預措施,但從中國石化或華為等其他國有或國家色彩濃厚、以賺錢為主的企業運作來看,期待任何新的國有企業能夠重振社會主義的指令,像毛澤東時期那樣強推充分就業和工人福利等,也就不免天真。

自1990年代以來,強勁的經濟表現、擴大就業和增加收入一直是共產黨合法性的主要來源。少了這一切,中國共產黨就必須另謀他途來確保自己政權的存活。在這個背景下,黨國加倍努力直接控制經濟,同時訴諸侵略性的民族主義,甚至是以激化經濟危機為代價,變成是一條理性的道路。如此一來,中國從現在起很有可能會進入一段長期的經濟緩慢期,強化國家主義的控制,並且抱持帶有侵略性的民族主義。

附錄八
殭屍經濟[1]

　　2010年代初，前世界銀行副行長並與中國政府關係密切的經濟學家林毅夫曾經預測，中國經濟年增率超過8%至少還會持續二十年。[2]他認為當時中國的人均收入與1950年代的日本還有1970年代的韓國及台灣大致相同，沒有理由不能複製這些東亞國家的成功經驗。林毅夫的樂觀獲得西方評論界的回應。《經濟學人》預估，中國將在2018年之前超越美國，成為全世界最大的經濟體。其他人則幻想共產黨將開展野心勃勃的政治自由化改革。《紐約時報》的紀思道2013年評論，習近平將「帶頭重啟經濟改革，可能還會放鬆政治。毛澤東的遺體將在他任內被運出天安門廣場。諾貝爾和平獎得主作家劉曉波會獲得釋放。」[3]政治學家謝德華在2010年同樣指出，中國擁抱全球化之後將啟動「自我淘汰的威權主義」（self-obsolescing authori-

---

1　本文譯自 "Zombie Economy." *Sidecar*, August 4, 2023. https://tinyurl.com/3hmhhzy8.
2　Justin Yifu Lin. 2013. "Long Live China's Boom." *Project Syndicate*, August 5. https://tinyurl.com/yrrsqln9.
3　Nicholas Kristof. 2013. "Looking for a Jump-Start in China." *New York Times*, January 5. https://tinyurl.com/yrsmpjhn.

tarianism）進程，類似於1980年代和1990年代台灣的情況。[4]

　　十年後，這些預測有多天真顯而易見。即使在新冠肺炎爆發之前，中國經濟就已經放緩並陷入國內債務危機，恆大等大型房地產開發商的倒閉體現了這點。北京在2022年底取消疫情的一切限制後，大家預測的經濟反彈未能實現。青年失業率飆升至20%以上，超過七大工業集團國家的青年失業率（另一項估計為45%以上）。貿易、價格、製造業和國內生產毛額成長的數據都顯示，情況不斷惡化——財政和貨幣刺激的舉措都未能扭轉下滑的趨勢。《經濟學人》現在宣稱中國可能永遠無法趕上美國，而全世界現在也認清習近平並非自由派，他讓國家加強干預私營部門和外資，同時壓制不同的聲音（包括以前黨所容忍的聲音）。

　　外部因素會徹底改變中國未來的想法錯了。反之，中國的逐漸衰落從十多年前就已經顯露端倪。那些仔細分析數據的人，看透熱鬧的商業區還有閃亮的建築開發，早在2008年就察覺到中國的經濟萎靡。我當時就寫中國正進入一場典型的過度積累危機。[5]自1990年代中期以來，中國蓬勃發展的出口部門

4　Edward S. Steinfeld. 2010. *Playing Our Game: Why China's Rise Doesn't Threaten the West*. New York: Oxford University Press.
5　Ho-fung Hung. 2008. "Rise of China and the Global Overaccumulation Crisis." *Review of International Political Economy*. Vol. 15, No. 2, 149–79. https://doi.org/10.1080/09692290701869654.

掃進大量外匯存底。出口企業在封閉的金融體系中，必須把賺來的外匯上繳給中國人民銀行，人行再印製等值的貨幣來消化外幣。這進一步造成經濟體系裡的人民幣流動性迅速擴張，而且大部分都是銀行貸款。由於金融體系受到黨國的嚴格控制——國有企業或政商關係緊密的企業都是黨政高官家族的地盤或提款機[6]——國有部門掌握取得國營銀行貸款的特權，然後再把貸款用來推動投資熱潮。這樣做的結果是就業增加，短暫及地方性的經濟繁榮，還有精英大發橫財。但這種動能也留下多餘且無利可圖的建設工程：空蕩蕩的樓房、使用率低的機場、過多的燃煤電廠和鋼鐵廠。然後就造成主要經濟部門的利潤下降、成長放緩和債務惡化。

整個2010年代，中共每隔一段時間就會發放新貸款，試圖阻止經濟放緩。但許多企業只是利用寬鬆的銀行貸款對現有債務做二次融資，而沒有增加經濟實質的支出或投資。這些公司最終陷入貸款成癮，這有如藥物成癮，需要提高劑量才能帶來不斷遞減的藥效。隨著時間推移，經濟失去活力，殭屍企業僅靠舉債保命：[7]「資產負債表衰退」的經典案例就是日本在

6　Ho-fung Hung. 2016. "The Capitalist Boom: 1980–2008." In *The China Boom*. New York: Columbia University Press, 52–84.

7　Tom Hancock. 2023. "Inventor of 'Balance-Sheet Recession' Says China Is Now in One." *Bloomberg*, June 29. https://tinyurl.com/22gf7a5j.

1990年代初繁榮結束後的經濟混亂。然而，隨著內部人士在2010年代初逐漸看清這些困境後，相關消息卻在官方媒體上受到審查，強化林毅夫的樂觀想法。同一時間，西方華爾街一批銀行家和公司高層也努力在壓制各種懷疑論，因為他們可以靠著不斷吸引投資者來到中國而獲利。因此，當中國經濟陷入市場改革以來最嚴峻的時刻，無限高速成長的幻象卻佔據主導地位。

北京老早就知道要採取一些措施緩解經濟危機。其中很清楚的一步就是啟動再分配改革，提高家庭收入，進而提高家庭消費——中國家庭消費佔GDP的比重一直在全世界墊底。自1990年代末以來，人們就一直呼籲減少依賴出口和基礎建設等固定資產投資，重新平衡中國經濟，轉向更為永續的成長模式。這也就促成胡錦濤與溫家寶主政期間推動一些改革主義的再分配政策，例如新勞動合同法、廢除農業稅並且把政府投資轉向內陸的農村。但是既得利益者的勢力龐大（例如國有企業，以及靠基建合約和國家銀行貸款為這些工程提供成長動能的地方政府），那些可以從再平衡政策受益的社會群體卻缺乏力量（工人、農民和中產階級家庭），因此改革主義並未紮根。胡溫時期在減少不平等所取得的微弱成果，於2010年代中之後便遭到反轉。最近，習近平又明確指出，他的「共同富裕綱領」並不是要回到毛澤東時代的平均主義，更不是要恢復大鍋飯。[8]反之，這是主張國家對於資本的家長式作風：增加國家在科技和房地產領域的份量，並讓私營企業的創業精神與國家更廣泛的利益一致。

黨國一直在準備面對社會與政治的嚴峻局勢。「安全」在官方文件出現的頻率已經超越「經濟」。目前的領導階層認為只要加強對社會的控制、剷除為所欲為的精英派系，並且在地緣政治局勢緊張時在國際舞台上採取更加堅定的姿態，就可以度過經濟衰退──即使這些措施使得發展問題更加嚴峻。這有助於解釋為什麼 2018 年取消了國家主席任期限制、權力集中在習近平之手、以反腐之名不斷剷除黨內派系、打造一個監控日強的國家，以及合法性基礎從經濟成長轉向民族主義狂熱。當前的經濟疲軟以及威權政體的強化是一股難以逆轉的趨勢。事實上，這是中國過去四十年發展不平衡和資本累積的必然結果，也就意味著上述的措施會變成一種常態。

8　參見本書〈墨索里尼在北京〉一文。

正文參考文獻

中文著作

中國青年報。2006。〈大國崛起：中央政治局一次集體學習的新聞〉。《中國青年報》，11月28日。

朱鎔基。2011。《朱鎔基講話實錄》，第一卷。北京：人民出版社。

東興證券。2019。挖掘機深度報告。8月19日。http://pdf.dfcfw.com/pdf/H3_AP20190821 1344797878_1.pdf.

徐工集團。2019。徐工集團工程機械股份有限公司2018年度報告。4月26日。https://bit. ly/3cvAwX7.

英文著作

Acemoglu, Daron, David Autor, David Dorn, Gordon H. Hanson, and Brendan Price. 2016. "Import Competition and the Great U.S. Employment Sag of the 2000s." *Journal of Labor Economics*. Vol. 34, No. S1, S141–98.

AFL-CIO. 2010. "Statement by AFL-CIO President Richard Trumka on the Obama Administration Acceptance of 301 Trade Case." *Inside US Trade*. October 15, 2010.

AIIB. 2020. *2019 AIIB Annual Report and Financials*. AIIB. https://bit.ly/3nBMKn8.

Allison, Graham T. 2017. *Destined for War: Can America and China Escape Thucydides's Trap?* Boston, MA: Houghton Mifflin Harcourt.

Allison, Graham T. and Gregory F. Treverton eds. 1992. *Rethinking America's Security: Beyond Cold War to New World Order*. New York: W. W. Norton.

AmCham China. 2013, 2014, 2015, 2016, 2017, 2018, and 2019. *China Business Climate Survey Report*. Beijing: Amcham China.

Anderson, Perry. 2011. "Lula's Brazil." *London Review of Books*, March 31.

Appelbaum, Richard, Cong Cao, Xueying Han, Rachel Parker, and Denis Simon. 2018. *Innovation in China: Challenging the Global Science and Technology System*. Oxford: Polity.

Arrighi, Giovanni. 1994. *The Long Twentieth Century: Money, Power, and the Origins of Our Times*. New York and London: Verso.

Arrighi, Giovanni. 2007. *Adam Smith in Beijing: Lineages of the 21st Century*. New York and London: Verso.

Arrighi, Giovanni and Beverly Silver. 1999. *Chaos and Governance in the Modern World-System*. Minneapolis: University of Minnesota Press.

Autor, David H., David Dorn, and Gordon H. Hanson. 2016. "The China Shock: Learning from Labor-Market Adjustment to Large Changes in Trade." *Annual Review of Economics*. Vol. 8, 205–40.

Balding, Christopher. 2017. "Venezuela's Road to Disaster Is Littered with Chinese Cash." *Foreign Policy*, June 6.

Barnathan, Joyce. 1994. "China's Gates Swing Open." *Bloomberg*, June 13.

Bergsten, C. Fred. 2005. *The United States and the World Economy: Foreign Economic Policy for the Next Decade*. New York: Columbia University Press.

Bernstein, Richard and Ross H. Monro. 1997. *The Coming Conflict with China*. New York: Knopf.

Bersch, Julia and Graciela L. Kaminsky. 2008. "Financial Globalization in the 19th Century: Germany as a Financial Center." Working paper, George Washington University. https://bit.ly/3FB57yR.

Bienefeld, Manfred. 2000. "Structural Adjustment: Debt Collection Device or Development Policy?" *Review: Fernand Braudel Center*. Vol. 23, No. 4, 533–82.

Blanchette, Jude. 2021. "Beijing's Visions of American Decline." *Politico*, March 11.

Blumenthal, Dan. 2020. "China's Steps Backward Began under Hu Jintao: Beijing's New Aggression and Ideological Reaction Started Well Before Xi Jinping." *Foreign Policy*, June 4.

Blustein, Paul. 2019. *Schism: China, America, and the Fracturing of the Global Trading System*. Waterloo, Ontario: CIGI Press.

Bolande, H. Asher. 2001. "AT&T's Years of Lobbying in China Yield a Minority Stake in Web Venture." *Wall Street Journal*, June 27. www.wsj.com/articles/SB993598166865781749.

Bower, Ernest Z. 2010. "China's Activities in Southeast Asia and Implications for U.S. Interests. Statement Before the US–China Economic and Security Review Commission, February 4, 2010." https://bit.ly/30Kmga2.

Brautigam, Deborah. 2011. *The Dragon's Gift: The Real Story of China in Africa*. New York: Oxford University Press.

Brautigam, Deborah. 2020. "A Critical Look at Chinese 'Debt-Trap Diplomacy': The Rise of a Meme." *Area Development and Policy*. Vol. 5, No. 1, 1–14.

Brenner, Robert. 2003. *The Boom and the Bubble: The US and the World Economy*. London: Verso.

Callahan, William 2005. "How to Understand China: The Dangers and Opportunities of Being a Rising Power." *Review of International Studies*. Vol. 31, No. 4 (October 2005), 701–14.

Campbell, Kurt and Ely Ratner. 2018. "The China Reckoning: How Beijing Defied American Expectations." *Foreign Affairs*. Vol. 92, No. 2, 60–70.

Campbell, Steven. 2015. "China's Human Rights and US–China Economic Relations: Interest Group Lobbying and China's MFN Trade Status." *The International Journal of Social Sciences*. Vol. 33, No. 1, 1–17.

Caixin. n.d. Manufacturing PMI Index. www.caixinglobal.com/report/.

Chang, Che. 2020. "The Nazi Inspiring China's Communists: A decades-Old Legal Argument Used by Hitler Has Found Support in Beijing." *The Atlantic*, December 1.

Chen, Lulu Yilun. 2018. "China Claims More Patents Than Any Country – Most Are Worthless." *Bloomberg*, September 27. https://bit.ly/3HGUX1y.

China Daily. 2021. "Sany 2020 Excavator Sales Top World for First Time," June 3.

China–Latin America Cross-Council Taskforce. 2013. "Chinese Foreign Direct Investment in Latin America and the Caribbean." Economic Commission for Latin America and the Caribbean, United Nations. https://bit.ly/3x8rpou.

Choi, Eun, John Wagner Givens, Andrew W. MacDonald. 2021. "From Power Balancing to Dominant Faction in Xi Jinping's China" *China Quarterly*, 1–22. https://doi.org/10.1017/S0305741021000473.

Colby, Elbridge A. and A. Wess Mitchell. 2020. "The Age of Great-Power Competition: How the Trump Administration Refashioned American Strategy." *Foreign Affairs*. Vol. 99, No. 1, 118–30.

Congressional Research Service. 2019. "BUILD Act: Frequently Asked Questions about the New U.S. International Development Finance Corporation." https://fas.org/sgp/crs/misc/R45461.pdf.

Dalton, Matthew and Diana Kinch. 2011. "Debate on Yuan Manipulation Moves to WTO." *Wall Street Journal*, November 16.

Davis, Bob and Lingling Wei. 2020a. *Superpower Showdown: How the Battle between Trump and Xi Threatens a New Cold War*. New York: Harper Business.

Davis, Bob and Lingling Wei. 2020b. "The Soured Romance between China and Corporate America." *Wall Street Journal*, June 5.

De Graaf, Nana, Tobias ten Brink, and Inderjeet Parmar. 2020. "China's Rise in a Liberal World Order in Transition" *Review of International Political Economy*. Vol. 27, No. 2, 191–207.

Defever, Fabrice and Alejandro Riaño. 2013. "China's Pure Exporter Subsidies: Protectionism by Exporting." *VOXEU*, January 4. https://bit.ly/3nEiOXS.

Department of Justice. 2018. "Court Imposes Maximum Fine on Sinovel Wind Group for Theft of Trade Secrets." Office of Public Affairs, July 6. https://bit.ly/30NdCYU.

Destler, Irving M. 2005. *American Trade Politics*. New York: Peterson Institute for International Economics.

Dolan, Chris J. and Jerel A. Rosati. 2006. "U.S. Foreign Economic Policy and the Significance of the National Economic Council." *International Studies Perspectives*. Vol. 7, No. 2, 102–23.

Dreiling, Michael C. and Derek Y. Darves. 2016. *Agents of Neoliberal Globalization: Corporate Networks, State Structures, and Trade Policy*. New York: Cambridge University Press.

Duhigg, Charles and Keith Bradsher. 2012. "How the U.S. Lost Out on iPhone Work." *New York Times*, January 21.

Eichengreen, Barry. 2011. *Exorbitant Privilege: The Rise and Fall of the Dollar and the Future of the International Monetary System*. Oxford: Oxford University Press.

ENR. 2014. "Pushback against Chinese Workers Escalates in Africa." *Engineering News Record*, October 14.

Feng, John. 2020. "'No Turning Back' U.S.–China Relations under Biden, Taiwan Security Analyst Says." *Newsweek*, November 10.

Ferguson, Niall. 2019. "The New Cold War? It Is with China, and It Has Already Begun." *New York Times*, December 2.

Ferguson, Niall and Moritz Schularick. 2007. "'Chimerica' and the Global Asset Market Boom." *International Finance*. Vol. 10, No. 3, 215–39.

Fewsmith, Joseph and Andrew Nathan. 2019. "Authoritarian Resilience Revisited: Joseph Fewsmith with Response from Andrew J. Nathan." *Journal of Contemporary China*. Vol. 28, No. 116, 167–79.

Flanigan, James. 1994. "Clinton's Game of Chicken with China." *Los Angeles Times*, March 16. www.latimes.com/archives/la-xpm-1994-03-16-fi-34783-story.html.

Forbes. 2005. "Turning Corn into Clothing." *Forbes*, July 10. www.forbes.com/global/2005/0110/020sidebar.html?sh=33e8c2de6306.

Foreign Affairs. 2020. "Should U.S. Foreign Policy Focus on Great-Power Competition? Foreign Affairs Asks the Experts." *Foreign Affairs*, October 13. https://fam.ag/3cB1Kve.

Foster, Peter. 2010. "WikiLeaks: China's Politburo a Cabal of Business Empires." *The Telegraph*, December 6. https://bit.ly/3qTh5zT.

Frayer, Lauren. 2019. "In Sri Lanka, China's Building Spree Is Raising Questions About Sovereignty." *NPR*, December 13. https://n.pr/3FsOlSs.

French, Howard. 2011. "In Africa, an Election Reveals Skepticism of Chinese Involvement." *The Atlantic*, September 29.

Frontier Services Group. 2017. "Frontier Services Group Strategy Update." Press Release, December 19. https://bit.ly/3qXMXU6.

Fukuyama, Francis. 1992. *The End of History and the Last Man*. New York: Free Press.

Fuller, Douglas. 2016. *Paper Tigers, Hidden Dragons: Firms and the Political Economy of China's Technological Development*. Oxford and New York: Oxford University Press.

Gallagher, Kevin and Roberto Porzecanski. 2010. *The Dragon in the Room: China and the Future of Latin American Industrialization Stanford*, CA: Stanford University Press.

Garvin, Francis J. 2003. "Ideas, Power, and the Politics of America's International Monetary Policy during the 1960s." in Jonathan Krishner, ed., *Monetary Orders: Ambiguous Economics, Ubiquitous Politics*. Ithaca, NY: Cornell University Press, 195–217.

Gelpern, Anna, Sebastian Horn, Scott Morris, Brad Parks, and Christoph Trebesch. 2021. "How China Lends: A Rare Look into 100 Debt Contracts with Foreign Governments." Working Paper,

Center for Global Development. https://bit.ly/3DDEcSD.

Gerth, Jeff. 1998. "US Business Role in Policy on China Is Questioned." *New York Times*, April 13. https://nyti.ms/3kV2QGV.

Gerth, Jeff and David Sanger. 1998. "How Chinese Won Rights to Launch Satellites for US." *New York Times*, May 17. https://nyti.ms/32b5xgS.

Gokey, Malarie. 2014. "Obama Defends NSA Spying on Huawei – Furious China Demands Explanation." *Tech Times*, March 24.

Gonzalez, Anabel. 2018. "Latin America–China Trade and Investment amid Global Tension: A Need to Upgrade and Diversify." Atlantic Council's Adrienne Arsht Latin America Center, December.

Guo, Rui and He Huifeng. 2020. "Don't Assume US–China Relations Will Get Better under Joe Biden, Government Adviser Warns." *South China Morning Post*, November 22. https://bit.ly/3HHbYsf.

Haglung, Dan. 2019. "In It for the Long Term? Governance and Learning among Chinese Investors in Zambia's Copper Sector." *The China Quarterly*. Vol. 199, 627–46.

Hamashita, Takeshi. 2008. *China, East Asia, and the World Economy: Regional and Historical Perspectives*. New York: Routledge.

Hameed, Maham. 2018. "Infrastructure and Democracy – A Case of China–Pakistan Economic Corridor." Ho-fung Hung, ed., Special Session on "China and the Global South," *Palgrave Communications* No. 4. https://doi.org/10.1057/s41599-018-0115-7.

Hardt, Michael and Antonio Negri. 2000. *Empire*. Cambridge, MA: Harvard University Press.

Harvey, David. 2005. *The New Imperialism*. Oxford: Oxford University Press.

Harvey, David. 2007. *A Brief History of Neoliberalism*. Oxford: Oxford University Press.

Heritage Foundation. 1979. "Most Favored Nation Status: Trade with Communist Countries." Heritage Foundation Backgrounder No. 83, May 7.

Hillman, Jonathan E. 2018 "China's Belt and Road Initiative: Five Years Later." Center for Strategic and International Studies. https://bit.ly/3FyLJCt.

Hobson, John Atkinson. 2018 [1902]. *Imperialism: A Study of the History, Politics, and Economics of the Colonial Powers in Europe and America*. Adonsonia Press.

Holmes, Stanley. 1996. "Boeing's Campaign to Protect a Market – Corporations Lobby to Save China Trade." *Seattle Times*, May 27.

Homeland Security News Wire. 2007. "White House Plans to Weaken CFIUS Security Review Powers." *Homeland Security News Wire*, November 12.

Hook, Leslie. 2013. "Caterpillar Digs into Trouble in China." *Financial Times*, February 11. www.ft.com/content/5dc97f12-7363-11e2-9e92-00144feabdc0.

Hopewell, Kristen. 2016. *Breaking the WTO: How Emerging Powers Disrupted the Neoliberal Project*. Stanford, CA: Stanford University Press.

Horn, Sebastian, Carmen M. Reinhart, and Christoph Trebesch. 2019. "China's Overseas Lending."

IMF ARC, November 7. https://bit.ly/3oKGrgI.

Hu, Albert G. Z., Peng Zhang, and Lijing Zhao. 2017. "China as Number One? Evidence from China's Most Recent Patenting Surge." *Journal of Developing Economics.* Vol. 124, 107–19.

Hung, Ho-fung. 2015. "China Steps Back." *New York Times,* April 6.

Hung, Ho-fung. 2016. *The China Boom: Why China Will Not Rule the World.* New York: Columbia University Press.

Hung, Ho-fung. 2018. "Global Capitalism in the Age of Trump." *Contexts.* Vol. 17, No. 3, 40–45.

Hung, Ho-fung. 2020a. "The Periphery in the Making of Globalization: The China Lobby and the Reversal of Clinton's China Trade Policy, 1993–1994." *Review of International Political Economy.* Vol. 28, No. 4, 1004–27.

Hung, Ho-fung. 2020b. "How Capitalist Is China?" *Socio-Economic Review.* Vol. 18, No. 3, 888–92.

Hung, Ho-fung. 2020c. "China and the Global South." In Thomas Fingar and Jean Oi, eds., *Fateful Decisions: Choices That Will Shape China's Future.* Palo Alto, CA: Stanford University Press, 247–71.

Hung, Ho-fung. In press. *City on the Edge: Hong Kong under Chinese Rule.* New York and Cambridge: Cambridge University Press.

Hung, Ho-fung and Daniel Thompson. 2016. "Money Supply, Class Power, and Inflation: Monetarism Reassessed." *American Sociological Review.* Vol. 81, No. 3, 447–66.

Huntington, Samuel. 1996. *The Clash of Civilizations and the Remaking of World Order.* New York: Simon and Shuster.

Ikenberry, G. John. 2004. "Illusions of Empire: Defining the New American Order." *Foreign Affairs,* March/April.

Inside US Trade. 1994a. "State Protests Rubin Comments on Easing Conditions for China MFN," February 4. https://bit.ly/3DzA4mq.

Inside US Trade. 1994b. "Pelosi Blasts Proposals for Lifting Conditions on China MFN," February 11. https://bit.ly/3kVOEO1.

Inside US Trade. 2010. "Fair Currency Coalition Sends Petition to Ryan, Murphy Urging Currency Legislation," September 15. https://bit.ly/3HAxYFr.

Inside US Trade. 2011. "FTA Supporters Say U.S. Firms Losing out to China in Colombian Market," February 22. https://bit.ly/3CEgbJM.

Inside US Trade. 2012. "'Special 301' IPR Report Makes Few Changes to Country Designations," May 4. https://bit.ly/3CCl1Ge.

Inside US Trade. 2015a. "USCBC Statement on Introduced Congressional Currency Legislation," February 10. https://bit.ly/3Fys3if.

Inside US Trade. 2015b. "Backers of CVD Currency Bill Rejected IMF Assessment That Yuan Is Not Undervalued," May 29. https://bit.ly/3CCu9Mb.

Inside US Trade. 2015c. "China Currency Critics Blast New Devaluation, But Others See Market

Shift," August 11. https://bit.ly/3FAkPKF.

Inside US Trade. 2017. "Survey: U.S. Businesses in China Hold Growing IP, Competition Concerns," December 7. https://bit.ly/3kRJhPG.

Institute of International Finance. 2020. "Global Debt Monitor: Sharp Spike in Debt Ratios." Institute of International Finance, July 16. https://bit.ly/3HFeU8U.

International Trade Administration (US Department of Commerce), 2020. "Steel Export Report: China," May 2020. https://legacy.trade.gov/steel/countries/pdfs/exports-china.pdf.

Jepson, Nicholas. 2020. *In China's Wake: How the Commodity Boom Transformed Development Strategies in the Global South*. New York: Columbia University Press.

JHU CARI. n.d. China in Africa Research Initiative Database. www.sais-cari.org/data.

Jiang, Shigong. 2019. "The Internal Logic of Super-Sized Political Entities: 'Empire' and World Order" (translated by David Ownby). *Reading the China Dream*. www.readingthechinadream.com/jiang-shigong-empire-and-world-order.html.

Johnson, Geoff. 2000. "AT&T's China Foray Is Promising Development for Telecommunications Carriers." Gartner Research.

Jones, Bruce. 2020. "China and the Return of Great Power Strategic Competition." Brookings Institution.

Kahn, Imran. 2020. "IMF Asks Pakistan to Reduce 'Trade and Commerce Reliance' on China." *Business Standard*, February 14. https://bit.ly/3DGMhWt.

Kang, David C. 2010. *East Asia before the West: Five Centuries of Trade and Tribute*. New York: Columbia University Press.

Kaplan, Robert. 2019. "A New Cold War Has Begun." *Foreign Policy*, January 7. https://foreignpolicy.com/2019/01/07/a-new-cold-war-has-begun/.

Karl, Terry Lynn. 1997 *The Paradox of Plenty: Oil Booms and Petro-States*. Berkeley, CA: University of California Press.

Kauko, Karlo. 2020. "The Vanishing Interest Income of Chinese Banks as an Indicator of Loan Quality Problems." VOX EU CEPR, May 22.

Kautsky, Karl. 1914. "Ultraimperialism." *Die Neue Zeit*, September 11.

Kazeem, Yomi. 2020. "The Truth about Africa's 'debt problem' with China." *Quartz*, October 8. https://qz.com/africa/1915076/how-bad-is-africas-debt-to-china/.

Kelemen, Barbara. 2019. "China's Changing Response to Militancy in Pakistan." International Institute for Strategic Studies, September 2. www.iiss.org/blogs/analysis/2019/09/csdp-militancy-in-pakistan.

Kennedy, Paul. 1980. *The Rise of the Anglo–German Antagonism, 1860–1914*. London: George Allen & Unwin.

Kennedy, Scott. 2020. "The Biggest But Not the Strongest: China's Place in the Fortune Global 500." CSIS Report, August 18. https://bit.ly/3cBdVZg.

KHL. 2021. Yellow Table 2021. https://bit.ly/3FDEtWi.

King, Neil. 2005. "Inside Pentagon, a Scholar Shapes Views of China." *Wall Street Journal*, Sept 8.

Kirchgaessner, Stephanie. 2010. "Former US Official Joins Huawei Consultancy." *Financial Times*, October 20.

Klein, Matthew C. and Michael Pettis. 2020. *Trade Wars Are Class Wars: How Rising Inequality Distorts the Global Economy and Threatens International Peace*. Princeton, NJ: Princeton University Press.

Koons, Cynthia. 2013. "Skepticism on China's Nonperforming Loans Despite Strong Data, Values of Country's Leading Banks Decline in Reflection of Investor Worries About Credit Quality." *Wall Street Journal*, December 3.

Kranish, Michael. 2018. "Trumps China Whisperer: How Billionaire Stephen Schwarzman Has Sought to Keep the President Close to Beijing." *Washington Post*, March 11. https://wapo.st/3pHAVNN.

Krasner, Stephen D. 1978. *Defending the National Interest: Raw Materials Investments and U.S. Foreign Policy*. Princeton, NJ: Princeton University Press.

Krause, Lawrence B. 1998. "The Economics and Politics of the Asian Financial Crisis of 1997–98." New York: Council on Foreign Relations.

Krueger, Alan B. 2000. "Economic Scene; Honest Brokers Separate Policy from Sausage for the White House." *New York Times*, November 9.

Kuo, L. Jay. 1994. "Farewell to Jackson-Vanik: The Case for Unconditional MFN Status for the People's Republic of China." *Asian American Law Journal*. Vol. 1, No. 85, 85–116.

Lampton, David M. 1994. "America's China Policy in the Age of the Finance Minister: Clinton Ends Linkage." *China Quarterly*. No. 139, 597–621.

Lardy, Nicholas. 2019. *The State Strikes Back: The End of Economic Reform in China?* Washington, DC: Peterson Institute for International Economics.

Lau, Justine. 2006. "AT&T Executive Calls for China Deregulation." *Financial Times*, April 6.

Leary, Alex and Bob Davis. 2021. "Biden's China Policy Is Emerging – and It Looks a Lot Like Trump's." *Wall Street Journal*, June 10.

Lee, Ching Kwan. 2017. *The Specter of Global China: Politics, Labor, and Foreign Investment in Africa*. Chicago, IL: University of Chicago Press.

LEM. 2006. "Beleaguered: Apple Bottoms Out, 1996 to 1998." *Low End Mac*, September 29. http://lowendmac.com/2006/beleaguered-apple-bottoms-out-1996-to-1998/.

Lenin, Vladimir Ilyich. 1963 [1917]. "Imperialism, the Highest Stage of Capitalism." In *Lenin: Selected Works, Volume 1*. Moscow: Progress Publishers, 1963, 667–766.

Lew, Jacob J., Gary Roughead, Jennifer Hillman, and David Sacks. 2021. "China's Belt and Road: Implications for the United States." New York: Council on Foreign Relations.

Lexis/Nexis. n.d. Lexis Uni Database. https://bit.ly/3CzTm9X.

Lieberthal, Kenneth. 2011. "The American Pivot to Asia." Brookings Institution, December 21. www.

brookings.edu/articles/the-american-pivot-to-asia/.

Liu, Mingxiang, Victor Shih, and Dong Zhang. 2018. "The Fall of the Old Guards: Explaining Decentralization in China." *Studies in Comparative and International Development*. Vol. 53, 379–403.

Lombardi, Domenico and Anton Malkin. 2017. "Domestic Politics and External Financial Liberalization in China: The Capacity and Fragility of External Market Pressure." *Journal of Contemporary China*. Vol. 26, No. 108, 785–800. https://doi.org/10.1080/10670564.2017.1337291.

Luo, Yadong. 2000. *How to Enter China: Choices and Lessons*. Ann Arbor, MI: University of Michigan Press.

Lyons, Paul. 2021. *Winning without Warring? The Geostrategic Implications of China's Foreign Direct Investments on Southeast Asia and the South China Sea Sovereignty Disputes*. Doctor of International Affairs Dissertation, School of Advanced International Studies, Johns Hopkins University.

Macfarlane, Laurie. 2020. "A Spectre Is Haunting the West – the Spectre of Authoritarian Capitalism." *Open Democracy*, April 16. https://bit.ly/3CCHVhG.

Mandhana, Niharika, Warren P. Strobel, and Feliz Solomon. 2021. "Coup Puts Myanmar at the Center of U.S.–China Clash." *Wall Street Journal*, February 2.

Maranto, Lauren. 2020. "Who Benefits from China's Cybersecurity Laws?" Center for Strategic and International Studies, June 25. https://bit.ly/316WgpT.

Marino, Rich. 2018. *Chinese Trade: Trade Deficits, State Subsidies and the Rise of China*. London and New York: Routledge.

Matsumoto, Norio and Naoki Watanabe. 2020. "Huawei's Base Station Teardown Shows Dependence on US-Made Parts." *Nikkei Asia*, October 12. https://s.nikkei.com/3Cidka3.

McMeekin, Sean. 2012. *The Berlin–Baghdad Express: The Ottoman Empire and Germany's Bid for World Power*. Cambridge, MA: Harvard University Press.

Menn, Joseph. 2012. "White House-Ordered Review Found No Evidence of Huawei Spying: Sources." *Reuters*, October 17.

Meredith, Robyn. 2010. "Growing Bearish." *Forbes*. February 10. https://bit.ly/3GnXxZB.

Merics. 2019. "China's Caution about Loosening Cross-Border Capital Flows." Merics, June 19. https://merics.org/en/report/chinas-caution-about-loosening-cross-border-capital-flows.

Meyers, Steven Lee. 2020. "Buffeted by Trump, China Has Little Hope for Warmer Relations with Biden." *New York Times*, November 9. www.nytimes.com/2020/11/09/world/asia/china-united-states-biden.html.

Milanovic, Branko. 2019. "With the US and China, Two Types of Capitalism Are Competing with Each Other." *Promarket*, September 25. https://bit.ly/3DIuHS0.

Miller, Maggie. 2019. "Trump Reversal on Huawei Gets Bipartisan Pushback." *The Hill*, July 2. https://bit.ly/3oTZwx4.

Milward, Alan S. (1985) "The Reichsmark Bloc and the International Economy." In H. W. Koch, ed.,

Aspects of the Third Reich. London: Palgrave, 331–59.

Mining. 2020. "Liebherr Mining Settles Lawsuit over Copycat Allegations." *Mining*, August 10. https://bit.ly/3x5joRq.

Ministry of Commerce, People's Republic of China. 2010. *Statistical Bulletin of China's Outward Foreign Direct Investment*.

Ministry of Commerce, People's Republic of China, 2015. *Statistical Bulletin of China's Outward Foreign Direct Investment*.

Ministry of Commerce, People's Republic of China. 2019. *Statistical Bulletin of China's Outward Foreign Direct Investment*.

Mintz, John. 1998. "Missile Failures Led to Loral–China Link." *Washington Post*, June 12. https://wapo.st/3cAuynS.

National Bureau of Statistics of China. n.d. *China Statistical Yearbook* (various years). www.stats.gov.cn/english/Statisticaldata/AnnualData/.

Niewenhuis, Lucas. 2020. "China's Belt and Road Lending Dries up." *SupChina*, December 8. https://bit.ly/3kWOd5Y.

Nouwens, Meia. 2018. "Guardians of the Belt and Road." International Institute for Strategic Studies. www.iiss.org/blogs/research-paper/2018/08/guardians-belt-and-road.

NYA International. 2015, "Kidnapping Risk to Chinese Nationals." Global Kidnap for Ransom Update, April. https://bit.ly/3kVQIFL.

Nye, Joseph. 1991. *Bound To Lead: The Changing Nature Of American Power*. New York: Basic Books.

O'Connor, James. 2011. "State Building, Infrastructure Development and Chinese Energy Projects in Myanmar." Irasec's Discussion Papers, No. 10. www.irasec.com/documents/fichiers/46.pdf.

Pae, Peter. 2003. "Boeing, Hughes to Pay $32 Million for Helping China with Technology." *Los Angeles Times*, March 6. https://lat.ms/3nu7egt.

Panitch, Leo and Sam Gindin. 2013. *The Making Of Global Capitalism: The Political Economy Of American Empire*. London and New York: Verso.

Parameswaran, Prashanth. 2019. "Malaysia's Evolving Approach to China's Belt and Road Initiative." *The Diplomat*, April 23. https://bit.ly/3nAHtw5.

Pearson, Margaret, Meg Rithmire, and Kellee Tsai. 2020. "Party–State Capitalism in China." Harvard Business School Working Paper. https://hbswk.hbs.edu/item/party-state-capitalism-in-china.

Pham, Sherissa. 2019. "Losing Huawei as a Customer Could Cost US Tech Companies $11 Billion." *CNN*, May 17. www.cnn.com/2019/05/17/tech/huawei-us-ban-suppliers/index.html.

Pillsbury, Michael. 2015. *The Hundred-Year Marathon: China's Secret Strategy to Replace America as the Global Superpower*. New York: Henry Holt & Company.

Posen, Adam S. 2008. "Why the Euro Will Not Rival the Dollar." *International Finance*. Vol. 11, No. 1, 75–100.

Prasad, Monica. 2012. *The Land of Too Much: American Abundance and the Paradox of Poverty*. Cambridge, MA: Harvard University Press.

Prince, Marcelo and Willa Plank. 2012. "A Short History of Apple's Manufacturing in the U.S." *Wall Street Journal*, December 6.

Qi, Zheng. 2012. "Carl Schmitt in China." *Telos*. Vol. 2012, No. 160 (Fall), 29–52.

Radio Free Asia. 2019. "Mahathir: Malaysia Saves Billions in Renegotiated Railway Deal with China." *Radio Free Asia*, April 15. www.rfa.org/english/news/china/malaysia-railway-04152019170804.html.

Reuters. 2011. "Remarks by Obama and Hu at Washington News Conference." *Reuters*, January 19. https://reut.rs/3nMhktt.

Reuters. 2019. "Erik Prince Company to Build Training Centre in China's *Xinjiang*," Reuters, January 31. https://reut.rs/3ntBFUb.

Roache, Shaun K. 2012. "China's Impact on World Commodity Market." IMF Working Paper.

Robinson, William. 1996. *Promoting Polyarchy: Globalization, US Intervention, and Hegemony*. New York: Cambridge University Press.

Roy, Danny. 2019. "Assertive China: Irredentism or Expansionism?" *Survival: Global Politics and Strategy*. Vol. 61, No. 1, 51–74.

Runde, Daniel and Richard Olson. 2018. "An Economic Crisis in Pakistan Again: What's Different This Time?" Center for Strategic and International Studies, October 31. https://bit.ly/3HGpqwH.

Rutkowski, Ryan. 2015. "Deleveraging the State in China." Peterson Institute of International Economics, January 26. www.piie.com/blogs/china-economic-watch/deleveraging-state-china.

Sala, Ilaria Maria. 2017. "More Neighbors Are Saying 'No Thanks' to Chinese Money – For Now." *Quartz*, December 4.

Sanusi, Lamido. 2013. "Africa Must Get Real about Chinese Ties." *Financial Times*, March 11.

SANY. n.d. "One Belt, One Road: SANY's New Engine for Business Globalization." https://trends.directindustry.com/sany/project-52887-157428.html.

Schmidt, Michael S., Keith Bradsher, and Christine Hauser. 2012. "U.S. Panel Cites Risks in Chinese Equipment." *New York Times*, October 8.

Schoenberger, Karl. 1994. "Human Rights in China or Jobs in California? Clinton's MFN Decision Poses a Question of Conscience." *Los Angeles Times*, May 15. www.latimes.com/archives/la-xpm-1994-05-15-fi-57984-story.html.

Scott, Robert E. and Zane Mokhiber. 2018. "The China Toll Deepens: Growth in the Bilateral Trade Deficit between 2001 and 2017 Cost 3.4 Million U.S. Jobs, with Losses in Every State and Congressional District." Economic Policy Institute Report, October 23. https://bit.ly/3be6RAS.

Sebenius, James and Ellen Knebel. 2010. "Bill Nichol Negotiates with Walmart: Hard Bargains over Soft Goods." Harvard Business School Case Study, 9-910-043.

Secretary of Senate. n.d. Lobbying Disclosure Act Reports Database. https://lda.senate.gov/system/public/.

Shafer, D. Michael. 1994. *Winners and Losers: How Sectors Shape the Developmental Prospects of States.* Ithaca, NY: Cornell University Press.

Shah, Saeed and Uditha Jayasinghe. 2020. "China Regains Clout in Sri Lanka with Family's Return to Power." *Wall Street Journal,* November 28. https://on.wsj.com/3xm9g77.

Shirk, Susan. 2018 "China in Xi's 'New Era': The Return to Personalistic Rule." *Journal of Democracy.* Vol. 29, No. 2, 22–36.

Silver, Beverly. 2003. *Forces of Labor: Workers' Movement and Globalization since 1870.* New York: Cambridge University Press.

Silverstein, Ken. 2007. "The New China Hands." *The Nation,* October 23.

Skocpol, Theda. 1985. "Bringing the State Back In: Strategies of Analysis in Current Research." In Peter Evans, Dietrich Rueschemeyer, and Theda Skocpol, eds., *Bringing the State Back In.* Cambridge: Cambridge University Press, 3–38.

Skonieczny, Amy. 2018. "Trading with the Enemy: Narrative, Identity and US Trade Politics." *Review of International Political Economy.* Vol. 25, No. 4, 441–62.

Sly, Maria Jose Haro. 2017. "The Argentine Portion of the Soybean Commodity Chain." *Palgrave Communications.* Vol. 4. https://doi.org/10.1057/palcomms.2017.95.

Smith, Hedrick. 2012. *Who Stole the American Dream?* New York: Random House.

Stein, Judith. 2011. *Pivotal Decade: How the United States Traded Factories for Finance in the Seventies.* New Haven, CT: Yale University Press.

Stiglitz, Joseph. 2002. *Globalization and Its Discontents.* New York: W. W. Norton and Company.

Storey, Ian and Herbert Yee. eds. 2002. *The China Threat: Perceptions, Myths and Reality.* London and New York: Routledge.

Strange, Susan. 1980. "Germany and the World Monetary System." In Wilfrid Kohl and Giorgio Basevi, eds., *West Germany: A European and Global Power.* Lexington, KY: Lexington Books, 45–62.

Strangio, Sebastian. 2020. "In UN Speech, Duterte Stiffens Philippines' Stance on the South China Sea." *The Diplomat,* September 23. https://bit.ly/3Ejsex8.

Strohecker, Karin. 2019. "REFILE-China-Backed AIIB Eyes More 2019 Bond Sales After Dollar Debut." *Reuters,* May 9. https://reut.rs/3mfso2H.

Sutter, Robert G. 1998. *U.S. Policy Toward China: An Introduction to the Role of Interest Groups.* Lantham, MD: Rowman & Littlefield.

US Chamber of Commerce and American Chamber of Commerce China. 2017. A *Blueprint for Action: Addressing Priority Issues of Concern in U.S.–China Commercial Relations.* Washington, DC: US Chamber of Commerce and American Chamber of Commerce China.

US–China Business Council. 2014. "Competition Policy and Enforcement in China." https://bit.

ly/3cyq5lp.

US–China Economic and Security Review Commission. 2019. "2019 Report to Congress." https://bit. ly/3qTsqQo.

US Congress. 1993. Congressional Record, Senate, June 8. www.congress.gov/103/crecb/1993/06/08/ GPO-CRECB-1993-pt9-3-2.pdf.

US Congress. 1994a. Congressional Record, House of Representatives, March 21. www.congress. gov/103/crecb/1994/03/21/GPO-CRECB-1994-pt4-7-2.pdf.

US Congress. 1994b. Congressional Record, House of Representatives, August 9. https://bit. ly/3nDoDoe.

Van Apeldoorn, Bastiaan and Naná de Graaff. 2016. *American Grand Strategy and Corporate Elite Networks: The Open Door since the End of the Cold War*. New York: Routledge

Vyas, Kejal and Anatoly Kurmanaev. 2017. "Goldman Sachs Bought Venezuela's State Oil Company's Bonds Last Week." *Wall Street Journal*, May 28.

Wagreich, Samuel. 2013. "Lobbying by Proxy: A Study of China's Lobbying Practices in the United States, 1979–2010 and the Implications for FARA." *Journal of Politics and Society*. Vol. 24, No. 1, 130–60.

Walt, Stephen M. 2018. *The Hell of Good Intentions: America's Foreign Policy Elite and the Decline of U.S. Primacy*. New York: Farrar, Straus and Giroux.

Walter, Carl E. and Fraser J. T. Howie. 2012. *Red Capitalism: The Fragile Financial Foundation of China's Extraordinary Rise*. Singapore: John Wiley & Sons.

Wang, Celine 2017, "China and Zambia's Resource Nationalism." *East Asia Forum*, March 31. https:// bit.ly/3HSdJmT.

Wang, Yingyao. 2015. "The Rise of the 'Shareholding State': Financialization of Economic Management in China." *Socio-Economic Review*. Vol. 13, No. 3, 603–25.

Warwick, William. 1994. "A Review of AT&T's Business History in China: The Memorandum of Understanding in Context." *Telecommunications Policy*. Vol. 18, No. 3, 265–74.

Washington Post. 1998. "Chinese Missile Allegations: Key Stories." https://wapo.st/3oQsrlh.

Weber, Max. 2013 [1922]. *Economy and Society: Volume I*. Berkeley and Los Angeles, CA: University of California Press.

Wei, Lingling and Bob Davis. 2018. "How China Systematically Pries Technology from U.S. Companies: Beijing Leans on an Array of Levers to Extract Intellectual Property – Sometimes Coercively." *Wall Street Journal*, September 26. https://on.wsj.com/3x73ar1.

Weinberger, Matt. 2017. "The Story of How Steve Jobs Saved Apple from Disaster and Led It to Rule the World." *Business Insider*, January 1.

Weisskopf, Michael. 1993. "Backbone of the New China Lobby: U.S. Firms." *Washington Post*, June 14. https://wapo.st/3FrLYPU.

Wernau, Julie. 2018. "Venezuela Is in Default, but Goldman Sachs Just Got Paid." *Wall Street Journal*, April 10. https://on.wsj.com/3x62amZ.

WIPO. 2020. "China Becomes Top Filer of International Patents in 2019 amid Robust Growth for WIPO's IP Services, Treaties and Finances." World Intellectual Property Organization, April 7. www.wipo.int/pressroom/en/articles/2020/article_0005.html.

Witkin, Richard. 1972. "US Grants Boeing License to Sell 10 707's to China." *New York Times*, July 6.

World Bank. a n.d. World Development Indicators Databank. https://databank.worldbank.org/source/world-development-indicators.

World Bank b. n.d. International Debt Statistics Databank. https://databank.worldbank.org/source/international-debt-statistics.

Wu, Wendy. 2016. "AIIB and World Bank Reach Deal on Joint Projects, As China-Led Lender Prepares to Approve U. S. $1.2 Billion of Funds This Year." *South China Morning Post*, April 14.

Yan, Xu and Douglas Pitt. 2002. *Chinese Telecommunication Policy*. Boston, MA: Artech House.

Yang Jie and Laurie Burkitt. 2014. "China Denies Using Antimonopoly Law to Target Foreign Companies: Unfair Targeting Could Be in Violation of WTO Commitments." *Wall Street Journal*, September 11. https://on.wsj.com/3HGmL6k.

Young, George F. W. 1992. "German Banking and German Imperialism in Latin America in the Wilhelmine Era." *Ibero-amerikanisches Archiv Neue Folge*. Vol. 18, No. 1/2, 31–66.

Yousufzai, Gul. 2020. "Alleged Leader of Chinese Consulate Attack in Pakistan Reported Killed." *Reuters*, December 26. www.reuters.com/article/instant-article/idUSKCN1OP12H.

Zarroli, Jim. 2018. "It Was a Company with a Lot of Promise. Then a Chinese Customer Stole Its Technology." *NPR*, April 9. https://prod-text.npr.org/599557634.

Zeng, Ka. 2004. *Trade Threats, Trade Wars: Bargaining, Retaliation, and American Coercive Diplomacy*. Ann Arbor, MI: University of Michigan Press.

Zenglein, Max J. and Anna Holzmann. 2019. "Evolving Made in China 2025: China's Industrial Policy in the Quest for Global Tech Leadership." Mercator Institute for China Studies. https://bit.ly/3GyJalx.

Zheng, Shuwen. 2019. "Private Security Companies in Kenya and the Impact of Chinese Actors." JHU SAIS Working Paper.

Zoellick, Robert B. and Justin Yifu Lin. 2009. "Recovery: A Job for China and the U.S." *Washington Post*, March 6.

名詞對照表

帝國爭霸
Clash of Empires

左岸中國因素系列

左岸政治356／左岸中國因素系列29

帝國爭霸 從「中美國」到「新冷戰」
Clash of Empires From 'Chimerica' to the 'New Cold War'

作　　者	孔誥烽（Ho-fung Hung）	
譯　　者	江　淮	
總 編 輯	黃秀如	
特約編輯	王湘瑋	
行銷企劃	蔡竣宇	
美術設計	黃暐鵬	

出　　版	左岸文化／左岸文化事業有限公司
發　　行	遠足文化事業股份有限公司（讀書共和國出版集團）
地　　址	231新北市新店區民權路108-3號8樓
電　　話	(02) 2218-1417
傳　　真	(02) 2218-8057
客服專線	0800-221-029
E - M a i l	rivegauche2002@gmail.com
臉書專頁	facebook.com/RiveGauchePublishingHouse
團購專線	讀書共和國業務部02-22181417分機1124
法律顧問	華洋法律事務所　蘇文生律師
印　　刷	呈靖彩藝有限公司
初版一刷	2023年12月

定　　價	380元
I S B N	978-626-7209-61-5

帝國爭霸：從「中美國」到「新冷戰」／
孔誥烽作. 江淮譯.
－初版.－新北市：左岸文化，
左岸文化事業有限公司出版：
遠足文化事業股份有限公司發行，2023.12
面；　公分.－(左岸政治；356)
譯自：Clash of empires : from 'Chimerica' to
the 'New Cold War'
ISBN 978-626-7209-61-5（平裝）
1.CST: 中美關係 2.CST: 外交政策
574.1852　　　　　　　112018599

Clash of Empires by Ho-fung Hung
Copyright © Ho-fung Hung 2022
This edition arranged with CAMBRIDGE UNIVERSITY PRESS
through BIG APPLE AGENCY, INC., LABUAN, MALAYSIA.
Traditional Chinese edition copyright:
©2023 Rive Gauche Publishing House,
an Imprint of Aluvius Books, Ltd.
ALL RIGHTS RESERVED